MANEKI NEKO

El libro japonés
de la buena fortuna

Nobuo Suzuki

MANEKI NEKO

El libro japonés
de la buena fortuna

EDICIONES OBELISCO

Si este libro le ha interesado y desea que le mantengamos informado
de nuestras publicaciones, escríbanos indicándonos qué temas son de su interés
(Astrología, Autoayuda, Psicología, Artes Marciales, Naturismo,
Espiritualidad, Tradición…) y gustosamente le complaceremos.

Puede consultar nuestro catálogo en www.edicionesobelisco.com

Colección Espiritualidad y Vida interior
Maneki Neko. El libro japonés de la buena fortuna
Nobuo Suzuki

1.ª edición: febrero 2023

Corrección: *Sara Moreno*
Diseño de cubierta: *Enrique Iborra*

© 2022, Francesc Miralles
www.francescmiralles.com
& Héctor García
www.kirainet.com
(Reservados todos los derechos)
© 2023, Ediciones Obelisco, S.L.
(Reservados los derechos para la presente edición)

Edita: Ediciones Obelisco, S.L.
Collita, 23-25. Pol. Ind. Molí de la Bastida
08191 Rubí - Barcelona - España
Tel. 93 309 85 25
E-mail: info@edicionesobelisco.com

ISBN: 978-84-9111-972-2
Depósito Legal: B-3.259-2023

Impreso en los talleres gráficos de Romanyà/Valls S.A.
Verdaguer, 1 - 08786 Capellades - Barcelona

Printed in Spain

«El día que te decides a hacerlo
es tu día de suerte».

PROVERBIO JAPONÉS

Introducción:

LA SUERTE NO ES UNA CUESTIÓN DE AZAR

La buena o mala fortuna es una cuestión que siempre me ha fascinado. Desde pequeño ya me preguntaba: ¿por qué hay personas a las que nada les sale bien, mientras que otras logran siempre sus objetivos? ¿Hay dioses que premian a unos mientras que olvidan o castigan a otros? ¿O es una simple cuestión de azar?

De ser así, sería muy injusto, me decía.

A medida que fui creciendo, sin embargo, me di cuenta de que había importantes diferencias entre las personas que dicen tener mala suerte y las que cultivan su propia fortuna.

Las primeras confían su destino a fuerzas exteriores, como los juegos de azar. Esperan que la fortuna les sonría, porque no creen tener el poder de influir sobre ella. Su actitud es pasiva y pueden consumir una vida entera aguardando que el viento cambie de dirección.

Las segundas, para quienes he escrito este libro, son aquellas que **ponen todo de su parte para lograr resultados excelentes.** No significa que siempre logren su propósito, pero se esfuerzan en intentarlo una y otra vez, creando buenas circunstancias, estando atentas a las oportunidades, mientras se asocian a personas que les ayudarán en su buena fortuna.

El segundo grupo de personas aplica el *Ganbatte* a su vida, esta expresión japonesa que se traduce como «esfuérzate todo lo que puedas» y que se usa para alentar a alguien que está llevando a cabo una tarea complicada, o para dar ánimos a alguien que está pasando por una situación difícil.

Esta expresión es una invitación a seguir esforzándose y dar lo mejor de uno mismo, en lugar de fiarlo todo a la fortuna. Lejos de dejar el resultado en manos del azar, como se hace en otras lenguas al desear «¡Buena suerte!», esta expresión es una invitación a poner de nuestra parte para que lo que tenemos entre manos nos vaya lo mejor posible.

No es de extrañar que *Ganbatte* sea una de las expresiones más populares y queridas de los japoneses, ya que nos anima a que no nos demos por vencidos por muy grandes que parezcan los obstáculos.

Esta perseverancia está muy presente en el espíritu del pueblo nipón y es responsable de lo que se conoce como «el milagro económico», la rápida recuperación después de la guerra, o de que sean capaces de levantarse después de cualquier desastre natural.

Sin embargo, no basta con la cultura del esfuerzo para dibujar la vida que has soñado. También es necesaria la magia de creer que puedes lograrlo.

Y aquí es donde entra *Maneki Neko,* el gato que levanta la pata para atraer la buena fortuna que ha dado título a este libro.

Los rituales y creencias que nos predisponen mentalmente para escenarios favorables son una ayuda muy valiosa para moldear nuestro destino.

Por este motivo, en el presente libro encontrarás las creencias más populares para atraer la buena suerte, así como ritos, amuletos, prácticas e historias legendarias, completado con la visión de los mejores expertos para comprender cómo funciona la fortuna, el éxito y la prosperidad.

A lo largo de estas páginas entenderemos que la suerte no es cuestión de azar, sino que se cocina con tres ingredientes esenciales en la cultura japonesa:

1. **ESFUERZO.** Volviendo al *Ganbatte,* no hay mejor fortuna que la que nos labramos nosotros mismos con un esfuerzo continuado –el famoso *kaizen* de los japoneses–, el ingrediente básico para avanzar y lograr buenos resultados.
2. **SABIDURÍA.** Conocer las leyes del éxito, qué es lo que hace que fluya el dinero y qué hace que se pierda, es el segundo pilar de la buena suerte. Para ello he glosado a los autores y libros que abordan de forma lúcida esta cuestión.
3. **CONFIANZA.** Si lo crees, lo creas, reza un dicho popular. El tercer ingrediente de la fortuna es tener el convencimiento de que aquello que anhelamos es factible y vamos a lograrlo. No hay nada que consigamos en el mundo que primero no hayamos visto en la mente como una posibilidad real.

Con estos tres ingredientes, estamos ya preparados para influir en la suerte y dar forma a la vida que deseamos.

Si lees con atención este libro y aplicas sus rituales, consejos y técnicas a tu vida, aunque sea una pequeña parte, el cambio no se hará esperar.

¡Bienvenido al universo de *Maneki Neko*!

NOBUO SUZUKI

A lo largo de este libro iremos profundizando en muchos de los símbolos y supersticiones listados a continuación.

SÍMBOLOS Y SUPERSTICIONES JAPONESAS DE LA BUENA SUERTE

Maneki Neko	Figuras de gatos con una patita levantada.
Daruma	Figuras que representan a Bodhidharma. Hay que pintar uno de los ojos pidiendo un deseo, el otro solo se rellena cuando tu deseo se ha cumplido.
Omikuji	Es una especie de horóscopo escrito en un papelito en el que viene tu nivel de suerte (*mala, normal, buena o muy buena*) y algunas frases sobre lo que te espera.
Ema	Tablillas de madera donde puedes escribir tus deseos.
Ehomaki	*Maki* de *sushi* cuya tradición indica que hay que comer el día de *setsubun* apuntando hacia cierta dirección, que cada año cambia.
Koinobori	Adornos con forma de carpas que se cuelgan el día del niño en orillas de ríos y parques. Son un símbolo de salud para los niños. Según la leyenda, la carpa que nada contra corriente puede llegar a ser un dragón.

Omamori	Amuletos de protección. Se venden en santuarios y templos. Suelen estar especializados en cierto tipo de protección, por ejemplo, para evitar problemas en tu matrimonio, accidentes de coche, etc.
Muñecas de *Hina Matsuri*	Muñecas que se regalan durante la celebración de *Hina Matsuri* (el día de las niñas). Según la mitología, las enfermedades y la mala suerte pueden ser transferidas de los niños a las muñecas.
Senzaburu	Literalmente significa «Mil grullas de papel». Son adornos que unen con hilo mil grullas dobladas siguiendo la tradición del origami. La leyenda dice que aquel que prepare mil grullas de origami puede pedir cualquier deseo a los dioses y se cumplirá.
Ver una araña por la mañana	Ver una araña a primera hora del día está considerado como un buen augurio.
Lóbulos de oreja grandes	Los 7 dioses de la suerte tienen las orejas grandes, sobre todo Daikokuten. De ahí que se crea que tener las orejas grandes da buena suerte.

SUPERSTICIONES JAPONESAS ASOCIADAS A LA MALA SUERTE

Los números 4 y 9	Una de las pronunciaciones del número 4 en japonés es «shi», lo cual es exactamente igual que la palabra «muerte» *shi*. En el caso del 9, una de las pronunciaciones es «ku», que es igual que la palabra «sufrir»: *ku*.
Silbar por la noche	La superstición dice que si silbas por la noche atraerás serpientes. Tal vez por eso, se cuenta que en el pasado ladrones y bandidos se comunicaban entre ellos con silbidos.
Tumbarse después de comer	«Si te tumbas a descansar después de comer, te transformarás en una vaca» reza un dicho popular japonés.
Cortarse las uñas por la noche	*Yotsume* 夜爪 (cortarse las uñas por la noche) se pronuncia igual que *yotsume* 世詰め (se acerca tu muerte).

ETIMOLOGÍA DE LA FORTUNA

El idioma japonés es rico en palabras para referirse a la suerte y la fortuna. A lo largo de estas páginas, iremos profundizando en el significado de estas palabras y en cómo se entrelazan con las distintas tradiciones que reflejan la forma de pensar del pueblo japonés.

Por ahora, una pequeña introducción a *un* y *fuku*.

運

Un - suerte o destino

El carácter *un* (運) significa «suerte» o «destino». Hay muchas palabras que utilizan este carácter para referirse a diferentes niveles de suerte:

Kouun (幸運): buena suerte.
Kyōun (強運): muy buena suerte.
Fuun (不運): mala suerte.

Un refrán que contiene el carácter *un* y que estudian los japoneses en la escuela es *un mo jitsuryoku no uchi* 運も実力のうち. Se traduce como «La suerte es también una de nuestras habilidades».

福
Fuku - fortuna

Fuku (福) es otro carácter con un significado parecido, y se podría traducir como «fortuna». Una de las primeras palabras que aprende el estudiante de japonés es: *koufuku* (幸福): felicidad. Es curioso que la palabra «felicidad» en japonés contiene el carácter «fortuna».

La expresión *fuku wo yobu* (福を呼ぶ) significa literalmente «llamar a la suerte». Esta expresión japonesa nos sugiere que podemos tomar la iniciativa o la acción de llamar a la suerte para que venga a nosotros.

También tienen palabras importadas del inglés que utilizan las nuevas generaciones:

Rakku ラック: suerte, es una adaptación japonesa de *luck* en inglés
Rakki ラッキー: persona o cosa con suerte, es una adaptación japonesa de *lucky* en inglés.

LOS CUATRO TIPOS DE BUENA SUERTE

«He notado que cuanto más trabajo,
más suerte tengo»
CHARLES FRANKLING KETTERING

El concepto de suerte está rodeado de misterio y mitología desde el albor de las civilizaciones. Sin embargo, volvamos a la pregunta: ¿por qué unas personas parecen tener más suerte que otras?

Uno de los grandes problemas de la palabra «suerte» es que, según la cultura, la situación y el contexto, se puede referir a una u otra cosa.

Para atraer la buena suerte, es importante entender la diferencia entre varias categorías y centrar nuestras energías en aquellos tipos de suerte que podamos influenciar, aceptando el resto como circunstancias fuera de nuestro control.

James H. Austin definió en su libro *Chase, Chance, and Creativity: The Lucky Art of Novelty* cuatro tipos de suerte:

1. Suerte **ciega**	2. Suerte a través de la **perseverancia** y el **movimiento**
(Fuera de nuestro control)	(En parte, bajo nuestro control)
3. Suerte a través de la **caza de oportunidades**	4. Suerte por **invitación**
(En parte bajo nuestro control)	(En parte bajo nuestro control)

La gente con mala fortuna se suele obsesionar con la suerte ciega, que está totalmente fuera de nuestro control. En cambio, los «afortunados» suelen ser expertos en atraer la suerte a través de la perseverancia y el movimiento, la caza de oportunidades y por invitación.

Adentrémonos en los detalles de estos cuatro tipos de suerte:

1. SUERTE CIEGA

Ésta es la suerte que sucede de forma 100 % accidental. No requiere de ningún esfuerzo por nuestra parte.

Ejemplos de suerte ciega serían: nacer o no en una familia rica, sufrir o no un cierto tipo de enfermedades, que te toque la lotería, que haga buen o mal tiempo durante un viaje, etc.

La mejor estrategia, tanto si la suerte ciega juega a nuestra favor como en nuestra contra, es aceptarla cuando nos venga.

Éste es el único tipo de suerte que está fuera de nuestro control.

2. SUERTE A TRAVÉS DE LA PERSEVERANCIA Y EL MOVIMIENTO

Ésta es la suerte que nos favorece cuando aprendemos y trabajamos con perseverancia, en especial, cuando estamos siempre en movimiento.

Esto significa que tienes que trabajar no sólo en tu especialidad, sino que también tienes de moverte para buscar oportunidades, aprendiendo de aquellas personas que tienen más experiencia que tú, sabiendo mucho más que tu competencia, juntándote con quienes tienen otras especialidades, etc.

El objetivo de este tipo de suerte es crear «**accidentes felices**» que nos beneficien, y para conseguirlo es importante no quedarse quietos.

Por ejemplo, si un artista está siempre encerrado en casa, componiendo y tocando música, y nunca muestra nada al mundo, no actúa en público, ni conoce a nadie de la industria… será muy difícil que su música sea conocida.

En cambio, si un músico, además de dedicar tiempo a la composición y práctica en casa, también empieza a actuar en público, aunque sea en locales pequeños, monta un grupo donde cada uno tiene un instrumento como especialidad, acude a conciertos y eventos de otros músicos y artistas en su ciudad… muy pronto comenzarán a ocurrir «accidentes felices». Algún agente quizás le ofrezca publicar su música, o alguien le invitará a actuar en salas de conciertos más importantes. ¿Y si alguien sube un vídeo de uno de los conciertos y se hace viral en Internet?

Este tipo de suerte está en cierta medida bajo nuestro control. Cuanto más trabajemos, no sólo en el sentido estricto de la palabra «trabajar», sino en el más amplio de esforzarnos cada día haciendo todo lo posible por conseguir que nuestros sueños se hagan realidad, mayores serán las probabilidades de que esta suerte nos favorezca.

3. SUERTE A TRAVÉS DE LA CAZA DE OPORTUNIDADES

Si somos buenos detectando oportunidades, cazaremos más éxitos que si dejamos pasarlas sin ni siquiera notarlas.

Suena fácil y obvio, pero requiere de experiencia y paciencia.

¿Cuál es la diferencia entre un buen inversor y uno mediocre? El bueno sabe diferenciar mejor si vale la pena invertir en algo o no, pero también es bueno en notar cuándo salir de una situación si deja de ser favorable.

En cambio, el mediocre invierte en negocios destinados al fracaso y no es capaz de detectar la existencia de buenas oportunidades. Al igual que el inversor mediocre, a veces la mala suerte viene a nosotros cuando nos metemos en algo que no nos convenía.

Sensibilizar nuestro olfato para reconocer buenas oportunidades e ignorar las malas incrementará las probabilidades de que este tipo de suerte nos favorezca. Para ello es importante ser competentes y saber más que nadie en nuestro campo y/o pasión.

4. SUERTE POR INVITACIÓN

Es la suerte que viene a nosotros cuando nos invitan a ser parte de oportunidades únicas que no son ofrecidas a otros. Es el tipo de suerte más difícil de atraer, porque requiere de mucho tiempo cultivando el *networking*, además de trabajar nuestra personalidad para ser especiales y diferentes a otros.

Éste es un tipo de suerte que, cuando se ve desde lejos, puede aparecer tintada por la envidia. Podemos verla incluso como injusta.

¡Qué suerte que tiene: siempre le caen las mejores oportunidades! ¿Por qué él ha sido invitado a este concierto privado y yo no? ¿Por qué ha sido contratado para este proyecto y yo no? ¡Esta persona es famosa por ser famosa, pero no tiene ningún mérito!

No obstante, cuando conocemos de cerca a alguien que parece estar siempre conectada a este tipo de suerte, entendemos que no es algo que suceda de repente, sino que esta persona se ha cultivado durante años e incluso décadas para convertirse en una persona única que es un imán de buenas oportunidades.

Cuando notes que este tipo de preguntas originadas por la envidia emergen en tu interior, dale una vuelta de tuerca y transfórmalas en curiosidad. ¿Qué ha hecho él o ella para conseguir esta oportunidad que no me ha llegado a mí? ¿Qué podría hacer yo para diferenciarme y conseguir ser invitado a oportunidades que ni siquiera a él o ella le ofrecerían?

Imagina a un fotógrafo que se especializa en bodas. En su misma ciudad hay decenas de fotógrafos que se dedican a lo mismo. Si es bueno, podrá ganarse la vida con su profesión, algo digno y honorable. Pero, si desea desmarcarse de los demás y crecer, tendrá que comportarse y aventurarse en caminos que lo diferencien de los demás.

Por ejemplo, si aprende a hablar en público sobre el arte de la fotografía, seguramente le empiecen a invitar como conferenciante. Otra forma de desmarcarse sería si, además de hacer retratos en bodas, comienza a publicar fotos de la naturaleza en Internet. Seguramente, revistas de esta temática comenzarán a contactar con él. ¿Y si se especializa en retratos en medio de la naturaleza?

Quizás esta combinación de especialidades le valga para ser considerado el fotógrafo número uno de su ciudad y comience a ser llamado por gente famosa para sesiones privadas. Esto, a su vez, le procurará nuevas oportunidades, que sólo le llegarán a él y no a otros fotógrafos de bodas.

Añade algo especial, un ingrediente secreto a aquello que hagas. Exhibe algo que nadie más tenga. Gracias a este ingrediente, terminarás creando tu propia especialidad en la que serás el experto número uno del mundo.

Una vez que lo consigas, la suerte por invitación será algo que vendrá a ti prácticamente a diario.

¿Qué puede hacerte único para ser incluido en oportunidades que no son ofrecidas a otros? ¿Qué camino poco convencional podrías tomar para comenzar a ser incomparable?

Como reza un aforismo anónimo, «la suerte no es un criterio necesario para tener éxito, sino el resultado de cierta forma de vivir».

LA BUENA O MALA SUERTE NO ES DECISIVA

«Muchas cosas suceden por casualidad, a veces es suerte, buena o mala, pero no suelen convertirse en cosas que decidan nuestra vida.

Sin embargo, cuando la suerte nos es favorable múltiples veces seguidas, podemos sentir como nuestras vidas están siendo bendecidas. Es nuestra responsabilidad recibir y apreciar la belleza de nuestra suerte y usarla con nobleza.

En otras ocasiones, la mala suerte nos traerá dolor e interferirá con muchas cosas que hacemos. Pero es todo lo mismo, incluso cuando las cosas no van bien, la nobleza y buenas intenciones brillan en aquellos que son capaces de lidiar con desgracias y pérdidas. No porque sean insensibles al dolor, sino porque son nobles y tienen un buen corazón».

Ética a Nicómaco, ARISTÓTELES

EL GATO QUE INVITA A ENTRAR

Éste es el significado literal de *Maneki Neko,* puesto que *Neko* es «gato» en japonés y el verbo *maneku* significa «invitar a entrar».

Tenemos a un animal talismán que atrae una cosa u otra según la pata que está moviendo. Si levanta la pata izquierda, invita a entrar a los clientes en un negocio. Si lo hace con la derecha, atrae el dinero.

El cascabel que lleva en el cuello le sirve para ahuyentar a los malos espíritus.

En mi anterior libro, *Ganbatte,* dediqué un capítulo al *Maneki Neko,* que es una representación dinámica de la ley de la atracción, que resumimos en 4 pasos:

1. **Averigua qué es lo que quieres y pídelo al universo.**
2. **Enfoca tus pensamientos sobre aquello que deseas con sentimientos de entusiasmo y gratitud.**
3. **Compórtate como si lo que deseas ya lo hubieras obtenido.**
4. **Estate abierto a recibirlo.**

Debo insistir en que este cuarto punto es el más conflictivo, porque muchas personas saben dar, pero no están abiertas a recibir. Sea porque creen que no lo merecen –tal vez padecen el síndrome del impostor– o porque tienen neurosis de pobreza, se mantienen en la escasez,

Sobre la neurosis de pobreza, la economista Cristina Benito la define así en su libro *Money Mindfulness*:

Hay personas que se privan de la prosperidad no dejando que el dinero fluya hacia ellas […] Pudiendo ganar dinero con su talento, prefieren permanecer pobres y puros, en lugar de ser unos «vendidos».

Estas personas rehúyen cualquier medio que pueda mejorar su nivel de vida, porque eso implicaría traicionarse. Sin embargo, la neurosis de pobreza no es exclusiva de los antisistema ni de los artistas malditos. También la encontramos de manera más velada en un nivel cotidiano, como en los profesionales que, pudiendo obtener un aumento de sueldo o de tarifa porque se han hecho imprescindibles en su lugar de trabajo, no saben cómo hacerlo y prefieren callar y esperar a que sea la parte pagadora la que tome la iniciativa, algo que nunca sucederá. ¿Es miedo al rechazo, al fracaso, falta de autoestima?

En los casos más extremos, detrás de lo que a veces se presenta como modestia y desapego, en realidad hay un mensaje negativo que se cuenta a sí mismo de forma inconsciente el neurótico de pobreza: no merezco más que lo que tengo.

Contra la neurosis de pobreza, el gato que invita a entrar nos recuerda que somos merecedores de todo aquello que seamos capaces de atraer. Se trata sólo de pedirlo y de aceptar lo que nos traiga la vida.

Las próximas dos historias del *Maneki Neko* nos servirán para programarnos en este sentido.

LEER LAS SEÑALES

Según la tradición, el origen del *Maneki Neko* se remonta a algún momento del período Edo (1603-1868). Había un gato llamado Tama que solía estar en el porche de un templo al oeste de la ciudad de Tokio. Frente al edificio sagrado había un enorme árbol.

Se cuenta que, un día de tormenta, un viajero se refugió bajo el árbol. Al verle, Tama empezó a levantar la pata para alertarlo. Sorprendido por el gesto constante del gato, el forastero salió de debajo del árbol para acercarse al felino y ver qué le sucedía.

En ese preciso momento, un rayo descomunal cayó sobre el árbol y lo calcinó.

Al darse cuenta de que el animal le había salvado la vida, el forastero se convertiría en benefactor del templo durante el resto de su vida.

Ésta es la historia más popular que se cuenta sobre el gato de la suerte, y veremos una versión muy diferente en el próximo capítulo. Sin embargo, ¿qué lectura podemos extraer para la vida cotidiana?

El gato Tama –el mío se llama igual– lanza un aviso al viajero para que actúe rápidamente y salga del lugar donde está. Gracias a que el forastero lo percibe, logra escapar del rayo destructor. Es, por lo tanto, una advertencia providencial.

Sin embargo, **¿cuántas veces el universo nos manda señales que nos pasan desapercibidas?**

Sea a través de un gato, de una coincidencia o de cualquier otro detalle que nos llama la atención, cada día recibimos señales de extraordinario valor. Las personas observadoras, que están atentas a los matices de la vida, captan estos mensajes sutiles que encierran grandes regalos.

Éste es el motivo por el que hay personas que ven lo que nadie más ve, y eso marca la diferencia entre unas vidas y otras.

Si la historia del gato que invita a entrar hubiera sucedido en la actualidad, es posible que el viajero hubiera estado trasteando con su teléfono móvil bajo el árbol, y no se habría dado cuenta de las señales de Tama. Por lo tanto, habría sido fulminado por el rayo.

El primer mensaje del *Maneki Neko* es, por lo tanto, que **hay que estar atentos.** Percibir las señales que te rodean te permite escapar del peligro y capturar las oportunidades.

EL SUEÑO Y LAS FIGURITAS

«Hay suerte en lo que sobra».

PROVERBIO JAPONÉS

Es curiosa la historia alternativa que existe sobre el origen del *Maneki Neko,* ya que no tiene nada que ver con la anterior.

Está protagonizada por Imada, una mujer tan pobre que se vio obligada a abandonar a su gato porque no podía alimentarlo. Lejos de estar resentido con ella, el felino una noche se le apareció en sueños con una particular sugerencia: que elaborara su figura en arcilla.

—Eso te dará la suerte que hasta ahora no has tenido –le habló el gato, que se despidió levantando la pata.

Tras despertarse de este extraño sueño, Imada consiguió un poco de arcilla y se esforzó en cumplir lo que le había dicho su amigo de cuatro patas. Con sus propias manos modeló el felino tal como lo había visto antes de que se desvaneciera: con la pata levantada.

Una vez terminado, lo puso a la puerta de su casa para que el Sol secara la figurita. Cuando ya estaba a punto, la mujer se disponía a guardarla en casa cuando un paseante se interesó por el *Maneki Neko* y le ofreció dinero por él.

Aquello convenció a Imada de que la promesa de su gato era cierta.

31

Con aquel primer dinero, compró más arcilla y preparó una decena de figuras con el gato que levanta la pata. Mientras se secaban al Sol, la mitad de ellas fueron reservadas por paseantes, y la otra mitad no tardó en ser vendida.

Imada supo desde aquel día que no pasaría hambre nunca más.

Esta segunda historia acerca del origen del *Maneki Neko* contiene dos mensajes principales:

1. **Hay que estar atentos a los sueños y a otras señales que nos llegan del universo, porque en ellos puede estar la clave de nuestra fortuna.**
2. **No basta con recibir el mensaje, hay que ponerse manos a la obra para que nuestra suerte cambie, como demuestra la historia que acabamos de ver.**

Sobre esto último, **la ley de la atracción sólo funciona si se complementa con la ley de la acción.** Por muy buena que sea una idea, sin un esfuerzo decidido y constante nuestra fortuna seguirá siendo la misma.

CREER EN LA BUENA SUERTE AYUDA A TENER BUENA SUERTE

«Puedo aceptar el fracaso,
todo el mundo fracasa en algo.
Pero no puedo aceptar a aquellos
que ni siquiera lo intentan».

MICHAEL JORDAN

Según muchos el mejor jugador de baloncesto de la historia, Michael Jordan, tenía un pantalón corto de la suerte. Durante toda su carrera jugando para los Chicago Bulls, debajo del uniforme oficial rojo de su equipo, siguió poniéndose esa prenda de sus tiempos universitarios en la Universidad de Carolina del Norte.

Otra de sus supersticiones famosas era el número 23, que siempre llevó en la camiseta de su equipo.

Por supuesto, ponerse dos pantalones cortos o llevar el número 23 en la camiseta no es el secreto para ser un jugador legendario, pero quizás creer que le ayudarían a tener suerte le dio un empujón moral en momentos claves, como vimos en la introducción del libro.

Hoy en día las supersticiones se consideran algo irracional, simples creencias basadas en la ignorancia que no sirven para nada. Pero desde los principios de la historia los seres humanos hemos sido supersticiosos. ¿Por qué? Quizás porque **albergar ciertas creencias irracionales tiene utilidad.**

Incluso aquellos que se creen muy racionales, cuando son puestos a prueba admiten que tienen creencias. Un ejemplo es el de Richard Dawkins, famoso por escribir libros sobre ateísmo y racionalidad, que admitió que, aunque no crea en fantasmas, pasaría miedo si durmiera en una casa encantada.

Aunque racionalmente creamos que en una casa encantada no hay espíritus paseando por la noche, hay algo en nuestra naturaleza humana que nos hará sentir miedo. Quizás se trate de un mecanismo de la evolución para protegernos ante posibles peligros. Aunque no haya fantasmas, dormir en un lugar desconocido es, por lo general, algo más arriesgado que hacerlo en nuestro hogar.

Las supersticiones, aunque sean irracionales, según el caso y la situación pueden ayudarnos a actuar de forma que nos beneficie. Si es una superstición asociada a algo negativo, nos disuadirá a la hora de asumir riesgos innecesarios. En cambio, si es una superstición asociada a algo positivo, quizás nos dé un empujón de confianza en nosotros mismos que nos ayude a actuar de forma que nos beneficie.

Por ejemplo, si tenemos un amuleto en nuestro escritorio que creemos que nos ayuda a la hora de estudiar para un examen. Cada día, al ver el amuleto, nos servirá de recordatorio de que tenemos que sentarnos a estudiar. Las probabilidades de que tomemos la iniciativa de hacerlo son mayores.

Según un estudio de la Universidad de Colonia, activar pensamientos optimistas, es decir, **creer que vamos a tener**

suerte en algo, nos llevará a sentirnos más capaces. Esto hará que actuemos en consecuencia y nos esforzaremos más para conseguir el resultado deseado. Por lo tanto, las probabilidades de tener éxito en nuestro propósito serán mayores.

Caca de oro

La caca de oro (金のうんこ: *Kin no unko*) es un símbolo de la buena suerte en Japón. Los amuletos de la suerte con figuritas de cacas de oro, algunas con caras sonrientes, son muy populares. La forma triangular característica de la caca de oro es tan simpática que fue añadida en el 2014 como *emoji* oficial en el estándar mundial: 💩

En uno de los experimentos llevados a cabo por la Universidad de Colonia,[1] dividieron a los estudiantes en dos grupos. Al primer grupo se les permitió tener un amuleto de la suerte, un objeto con valor sentimental para ellos o su peluche favorito. En cambio, al otro grupo no se les permitió tener nada.

A continuación, todos los participantes tuvieron que completar una serie de exámenes (pruebas mentales) y también actividades físicas en las que la destreza era más importante que la fuerza.

Los estudiantes del primer grupo, los que tenían amuletos con ellos durante las pruebas, ¡consiguieron mejores resultados que los del segundo grupo!

---

1. Estudio de la Universidad de Colonia: www.amh.uni-koeln.de/data/dppsenglich/File/PDFSStudien/PsychS21_7.pdf

La conclusión del estudio de la Universidad de Colonia no es que, mágicamente, la presencia de un amuleto de la suerte lo vaya a solucionar todo. Es la creencia en que nos va a ayudar lo que nos aporta confianza en nosotros mismos, dándonos un empujoncito extra de ventaja.

El solo hecho de llevar un pantalón corto azul debajo del normal, igual que Michael Jordan, no te llevará a ser un gran jugador de baloncesto, pero te inspirará para entrenar más que otros y te animará en los momentos clave de un partido.

SUPERSTICIÓN

↓

AMULETO O RITUAL EN EL QUE CREEMOS

↓

NOS SENTIMOS MÁS CAPACES

↓

MAYOR PROBABILIDAD DE ÉXITO

TAKARABUNE:
EL BARCO DEL TESORO

Según el folclore japonés, el *Takarabune* (宝船、宝: tesoro, 船: barco) es un barco con un tesoro en el que viajan a bordo **los siete dioses de la suerte** durante los tres primeros días del año. En las celebraciones de Año Nuevo es típico ver cuadros, pósteres, calendarios y maquetas representando el *Takarabune*.

El barco del tesoro con los siete dioses de la suerte a bordo, según lo imaginó el artista Hiroshige en el siglo XIX. La grulla en el cielo representa la longevidad y la tortuga en el mar, la felicidad.

La leyenda cuenta que los siete dioses de la suerte transportan en el barco un tesoro que, entre otras cosas, incluye: un sombrero de invisibilidad, una cartera con monedas infinitas, rollos de tela artesanal de brocado, las llaves secretas para abrir el tesoro de los dioses y pergaminos con textos sobre cómo vivir con sabiduría.

Hay grabados japoneses *(Ukiyo-e)* del *Takarabune* que suelen adornar las casas, templos y santuarios durante las celebraciones de Año Nuevo. Según la superstición, dormir con un grabado del barco de los siete dioses de la suerte debajo de la almohada ayuda a tener un buen primer sueño del año.

HATSUYUME
Y LA COCINA OSECHI

Hatsuyume (初夢, 初: primer, 夢: sueño) es el primer sue-ño que tenemos cuando empieza un nuevo año. Para los japoneses es importante recordarlo, porque se cree que **predice la suerte que vas a tener durante todo el año** que empieza. De acuerdo con esta creencia, soñar con el monte Fuji, con halcones o berenjenas sería un buen presagio.

La leyenda explica que estos elementos dan suerte por-que el monte Fuji es la montaña más alta de Japón, el hal-cón es un pájaro fuerte y audaz, y la pronunciación de la palabra «berenjena», *nasu* en japonés, es homónimo de *na-su* (conseguir algo).

Halcón en un puesto ceremonial.

Monte Fuji por Takeuchi Seiho, 1893. Museo Histórico de Takashimaya.

Junto con el primer sueño, la comida que servimos para empezar el año tiene un gran simbolismo. Estos primeros manjares son conocidos como cocina *osechi,* y se preparan al final del año anterior, puesto que se considera de mal augurio cocinar durante los tres primeros días, a menos que se prepare *ozōni,* una sopa con *mochi* y caldo que también es típica de esta festividad.

La cocina *osechi* es variada y consta de diversos platos servidos dentro de cajas *jūbako,* las cuales están divididas en compartimentos y recuerdan a las cajas de *bentō.* Estos compartimentos interiores se superponen, creando así un *jūbako* con lacado vertical que es ideal para llevar a casa de familiares y disfrutar de buenos augurios juntos.

Víspera de Año Nuevo.

La tradición de la cocina *osechi* surgió en el período Heian (794-1185), cuando los platos empezaron a prepararse con más salsa de soja y azúcar de lo habitual para que se conservaran bien esos tres primeros días del año.

El simbolismo asociado a la buena fortuna de los ingredientes proviene principalmente de la pronunciación de éstos, que suenan como buenos deseos en japonés.

Así, el alga *kombu* forma siempre parte del repertorio, pues su fonética es muy parecida a *yorokobu*, o «ser feliz». Tampoco faltan las alubias negras o *kuromame*, pues *mame* significa «salud». El *kazunoko,* que son huevas de arenque, se come para que el año nuevo traiga nuevos niños a la familia, ya que *kazu* significa «número» y *ko* es «niño».

A parte de la fonética, la forma de los alimentos también tiene connotaciones favorables para los japoneses, por lo que el *osechi* también incluye, por ejemplo, langostinos en brocheta macerados, para «poder trabajar toda la vida hasta que a uno se le doble la espalda como al langostino». La raíz de loto, un tubérculo agujereado muy popular en Japón, también se come esperando poder convertirse en visionario gracias a esos agujeros que permiten ver a través de ellos.

Aunque antiguamente en cada hogar se preparaba su propia cocina *osechi,* actualmente, debido a su larga elaboración, muchas familias optan por comprarlo en tiendas especializadas o en el supermercado. Si bien es tradición que los comercios estén cerrados los tres primeros días del año nuevo, para que las familias puedan dedicarse a las celebraciones, las tiendas que preparan *osechi* están siempre de lo más ajetreadas.

¡Todos quieren asegurarse un año próspero gracias a la comida *osechi*!

EL DIOS DE LA POBREZA
Y EL DIOS DE LA FORTUNA

Hace muchos siglos, en un pequeño pueblo de Japón vivía un hombre muy pobre. Por mucho que se esforzara, no conseguía atraer la prosperidad a su hogar. Su esposa se levantaba con el primer rayo de Sol y se iba a dormir al caer la noche, trabajando sin cesar para que ambos pudieran prosperar.

El problema era que no eran conocedores del hecho de que el dios de la pobreza vivía en su desván, y sus esfuerzos nunca se veían recompensados con riqueza.

Animado por el espíritu imparable de su mujer, el hombre trabajó muchas más horas que nunca. El dios de la pobreza empezó a sentirse incómodo en esa casa.

—¡Qué pareja tan trabajadora! —decía para sus adentros el inquilino entre sollozos—. Si continúan así, pronto deberé irme.

Tal fue el esfuerzo de la pareja, que en Año Nuevo consiguieron reunir algunas pocas exquisiteces con las que festejar tan importante fecha. En vista de esto, el dios no tuvo ninguna duda: era la hora de irse.

Mientras la pareja comía su modesto manjar, se empezaron a oír unos sollozos. Asustados, marido y mujer subieron al desván, de donde provenía el llanto, y se encontraron con un frágil anciano abatido que lloraba sin cesar.

—¿Quién es usted y qué hace en nuestra casa? –preguntó el hombre sin entender nada.

—Soy el dios de la pobreza y llevo años viviendo aquí –consiguió articular el afligido dios–, pero habéis sido tan diligentes en vuestro camino que hoy deberé irme a otro lugar. El problema es que nadie me quiere y en ninguna parte soy bien recibido.

La pareja no daba crédito a lo que estaba presenciando.

—No os preocupéis por mí, la recompensa a vuestros esfuerzos está a punto de llegar –continuó él–. Esta noche, el dios de la fortuna os hará una visita. Será entonces cuando yo me veré obligado a irme.

Sus lágrimas no tenían fin.

La pareja se miró, entendiendo que el dios que había estado protegiendo su casa durante todo ese tiempo era él, que era un dios al fin y al cabo, sin importar de qué.

Tras hablarlo con su esposa, el hombre le dijo al dios:

—Ya que llevas viviendo aquí tanto tiempo, nos gustaría que te quedaras.

—¿Cómo? –exclamó el aludido incrédulo–. ¡Nadie me quiere!

—A nosotros nos parece bien que vivas aquí –confirmó la mujer.

El llanto de alegría del dios de la pobreza se oía ya por toda la calle. En estas estaban cuando comenzaron a sonar las campanas de Nochevieja, momento en Japón en el que los dioses cambian de lugar. Justo entonces, alguien llamó a la puerta.

—¿Quién podría ser a estas horas?

Abrieron la puerta con cautela y se encontraron con un dios resplandeciente, rechoncho y dorado; a todas luces, un dios abundante.

—Por fin estoy aquí —exclamó el nuevo dios—. Vengo de tierras lejanas para traer la buena fortuna a esta casa como recompensa por vuestro arduo trabajo.

—¡Es el dios de la buena fortuna! —exclamó el dios de la pobreza.

—Pero ¿qué hace aún aquí este ser sucio? —se indignó el dios de la fortuna al verle—. ¡Vete ahora mismo si no quieres que te eche a la fuerza!

El corpulento recién llegado se dispuso a deshacerse del frágil cuerpo que ensuciaba la casa, pero nunca se hubiera imaginado la reacción de los dueños del hogar.

—Pobreza, ¡*Ganbatte!* ¡No pierdas! —le decían.

—¿Pero ¿qué estáis diciendo, ilusos? —el dios de la fortuna no podía creer lo que oía—. Nadie quiere a este ser en su casa, ¡todos me esperan a mí!

Sacudiendo la cabeza sin dar crédito, el dios de la fortuna se alejó de la casa, dándola por perdida.

—¡Lo conseguimos! —exclamaron felices la pareja y el dios de la pobreza al unísono.

A partir de ese día, los tres festejaron siempre el Año Nuevo juntos con modestia. El hogar nunca se enriqueció con dinero, pero siempre estuvo lleno de amor, felicidad y salud.

LOS SIETE DIOSES
DE LA SUERTE

El siete es el número de la suerte en Japón y, según la mitología japonesa, hay este mismo número de dioses de la suerte, conocidos como *shichifukujin* (七福神).

Los siete dioses de la buena suerte son:

Ebisu: Es el dios de la bonanza en los negocios y de la abundancia en las cosechas, así como el de la comida en general. También es el patrón de los pescadores. En las obras de arte, la figura de Ebisu es un hombre gordo y sonriente con una caña de pescar y un pescado en el anzuelo que simboliza la abundancia de comida. Una de las marcas de cerveza más populares en Japón es justamente *Yebisu* (pronunciación alternativa de Ebisu) y el logotipo es la representación gráfica de este dios.

Daikokuten: Es el dios del comercio y la prosperidad, el patrón de cocineros y granjeros. Es la versión japonesa de la Mahākāla, la deidad budista que a su vez proviene de Shiva en el hinduismo. La leyenda cuenta que Saichō, un monje japonés, viajó a la China imperial de la dinastía Tang a principios del siglo IX. Allí aprendió sobre el budismo, que en aquella época se extendía por Asia. A su vuelta a Kioto, subió a la cima del monte Hiei y tuvo una visión en la que Mahākāla aparecía frente a él. Tras esta aparición, Saichō fundó el templo Enryaku-ji en Kioto, dedicado a Mahākāla, pero dándole el nombre japonés Daikokuten. La figura de este dios de la suerte se suele representar como un hombre sonriente que lleva un saco al hombro lleno de objetos de valor.

Bishamonten: Es el dios de la buena suerte en batallas y guerras. Además de ser el patrón de los soldados, también representa la dignidad y la autoridad; protege a aquellos que se comportan según las reglas de la sociedad. Se representa en estatuas y pinturas como un hombre con armadura y casco. A veces lleva una lanza en la mano que, según la creencia popular, sirve para luchar contra los malos espíritus.

Benzaiten: Es la única mujer de entre las siete deidades de la buena fortuna. Diosa de la belleza, el talento en las artes y la música, es la patrona de los artistas, los pintores, escultores, escritores, bailarinas y *geishas*. Aparece en obras de arte como una mujer bella que sostiene un laúd tradicional, el *biwa*. Su imagen suele ir acompañada de serpientes blancas o dragones. El santuario sintoísta en la isla de Enoshima, a una hora en tren de Tokio, está dedicado a Benzaiten. Es un lugar precioso en el que la imagen de la diosa y su simbología llena todos los rincones de la isla.

Estatua de un dragón en el santuario de Enoshima
dedicado a la diosa Benzaiten.

Chōzuya (lugar para purificarse con agua en la entrada de santuarios)
en Enoshima, adornado por la cabeza de un dragón.
(© Héctor García)

Jurōjin: Es el dios de la longevidad y se cree que la versión mitológica se basa en una persona real que tenía una cabeza muy grande y alargada con barba. En las representaciones artísticas, es un hombre alto y viejo que agarra un bastón. A veces va acompañado por una grulla o un cervatillo. Otro de los elementos que suelen aparecer en sus estatuas es un pergamino en el que se dice que está escrita la longevidad de todos los seres vivos.

Hotei: También conocido como el Buda Sonriente, es el dios de la popularidad, la felicidad y la buena suerte. También es el protector de los niños. Se trata de un hombre gordo, calvo y siempre con una sonrisa. Está tan obeso que la ropa le queda pequeña y su barriga se asoma enseñando el ombligo. Suele llevar un enorme saco en el que se cree que contiene buena suerte para aquellos que crean en sus virtudes.

Hotei con Summer y Winder Landscape, tríptico de Igaradhi Summel.

Fukurokuju: Es el dios de la sabiduría, la riqueza, la felicidad y también la longevidad, como Jurōjin. Su historia se remonta a un cuento de origen chino en el que un ermitaño taoísta era capaz de llevar a cabo milagros porque era una encarnación de una estrella. Sus orígenes son parecidos a los de su compañero Jurōjin y a veces se confunden, porque ambos son representados como hombres viejos con barba larga y una grulla acompañándolos.

Fukurokuju.

LA LEY DE LA ATRACCIÓN

«Piensa que tienes buena suerte.
Si piensas así, poco a poco la suerte vendrá a ti».

PROVERBIO JAPONÉS

Este principio ancestral que se popularizó a principios del siglo XXI nos dice que estás construyendo tu realidad a cada segundo, aunque no seas consciente de ello. Atraes lo que eres todo el tiempo. Ésa es la base de la ley de la atracción.

El precursor de la idea fue el misterioso sabio Hermes Trismegisto, quien, hace más de dos milenios, aseguraba que «como es adentro es afuera». Como si fuéramos magnéticos, atraemos a nuestra vida lo que llevamos dentro.

Así, una actitud negativa y victimista, viendo el mundo como un lugar lleno de peligros, nos condena a seguir experimentando lo mismo hasta que haya un cambio interno hacia el optimismo y el empoderamiento.

Como dijo Gandhi: «Sé tú el cambio que deseas ver en el mundo». Todo empieza por ti.

La ley de la atracción aspira a cambiar esas creencias internas limitantes por convicciones basadas en la abundancia. Sostiene que, cuando confías en ti y en el mundo, la fortuna llega con mucha más facilidad. Es este cambio interno hacia una mirada más optimista sobre lo que nos rodea y sobre nuestras propias posibilidades lo que nos lleva indirectamente a crearnos oportunidades.

Así, alguien que se cree capacitado para un puesto de trabajo tiene muchos más números de conseguirlo que alguien que, con la misma formación, sienta que no lo merece.

La ley de la atracción fue popularizada hace algunos años por Rhonda Byrne en su libro, y posterior documental, *El secreto*. Sin embargo, tal y como apuntaron las numerosas críticas que recibió, Rhonda Byrne tan sólo hizo una introducción al funcionamiento de la ley de la atracción. Puso mucho énfasis en la necesidad de cambiar la propia mentalidad, sin aclarar que no se trata tan sólo un ejercicio de fe, sino que, a partir de este cambio interior, debes empezar a poner de tu parte con acciones concretas.

Es decir, por mucho que creas que podrás, si no trabajas con mentalidad *kaizen* –la filosofía del progreso continuo– tampoco cambiará nada.

Un ejercicio clásico de manifestación en la ley de la atracción es el llamado panel de visión.

En una cartulina que puedas posteriormente colgar en la pared debes plasmar todos tus deseos. Puedes hacerlo con fotografías, frases, dibujos, *collages*… tú decides. Plasmar tus aspiraciones, sean materiales o no, debería darte más claridad en la dirección que hayas fijado para tu vida. Además, al verlo a diario, sentirás la motivación de seguir trabajando por ello.

Los expertos recomiendan mirar cada día nuestro panel de visión, sintiendo la felicidad y alegría que te proporcionaría el haber conseguido ya esos objetivos. Es decir, la ley de atracción se basa en alterar tu estado emocional para sa-

carte de la escasez del *quiero y no puedo*, y llevarte a la pleni-
tud de *ya tengo todo lo que quiero*.

A partir de allí, tu responsabilidad es perseverar en lo
que quieres lograr mientras actúas convencido de que va a
suceder. El universo se encargará del resto.

HAPPY-GO-LUCKY

Esta expresión anglosajona es un adjetivo que define, literalmente, a alguien feliz que siempre acaba teniendo suerte. A menudo tenemos la idea de que debemos controlar todos los aspectos de nuestra vida, mientras que alguien *Happy-Go-Lucky* actúa de forma completamente opuesta.

En lugar de querer controlar la vida, estas personas fluyen libremente con ella, aceptando lo que viene, no con resignación sino con la certeza de que **todo tiene una (buena) razón de ser.**

La autora y *coach* Xenia Vives aborda este tema en su libro *Tener suerte en la vida depende de ti.* El mensaje principal es que **a las personas felices les va mejor las cosas que al resto.**

Lejos de esperar que el exterior le brinde motivos para la felicidad, quien tiene esta actitud toma la decisión consciente de vivir feliz, con independencia de las circunstancias externas. Esta dicha interna es justamente lo que lleva a recibir buenas noticias en el exterior.

Hay un dicho japonés que reza: «Donde se sonríe, llega la suerte». Éste podría bien ser el lema de las personas *Ha-*

ppy-Go-Lucky, convencidas de que una actitud alegre y cordial les traerá siempre buenas nuevas.

Un pilar de esta disposición vital es renunciar a la queja, una actitud victimista que nos desempodera y enfoca nuestra energía en todo lo que está mal. Como dijo la Madre Teresa de Calcuta, «No me llaméis para ir a una manifestación contra la guerra, llamadme para ir a una manifestación por la paz».

En PNL (programación neurolingüística) se dice que la mente no entiende los mensajes negativos, así que, si ponemos nuestra energía en lo que no deseamos, le estamos dando en realidad poder y fuerza. Por el contrario, centrarnos en lo que deseamos en positivo nos ayuda a conseguirlo.

Así, lo que se fomenta es una mirada apreciativa hacia la vida, intentar ver siempre lo mejor de cada situación y de cada persona.

Con nuestras expectativas y prejuicios influimos también en los demás. Por lo tanto, siguiendo el llamado efecto Pigmalión, debemos mirarlos desde lo que pueden llegar a ser en su máxima expresión y alentarlos a seguir adelante.

Las personas con filosofía *Happy-Go-Lucky* están llenas de esta energía y vitalidad que hace sentir bien a los demás. Emanan positividad y empoderan a los demás con su confianza en el futuro.

Un ejercicio sencillo para empezar a cultivar esta actitud consiste en salir de casa con el piloto automático apagado.

Haz tu camino hasta el trabajo como si fuera tu primera vez. Adopta el espíritu *shoshin,* actúa como si fueras un principiante que se enfrenta por primera vez a una situación. Sin prisa, alza la cabeza hacia el cielo y maravíllate con los detalles de los edificios o los árboles de tu alrededor. Explora tu mundo desde un nuevo punto la curiosidad y la apreciación. Después, fíjate en las personas y envíales amor a todas y cada una. Observa cómo te sientes a continuación.

En esencia, **una actitud feliz atrae mejores resultados a tu vida**. *Happy-go-Lucky.*

COACHING ENERGÉTICO

«No hay personas con mala o buena suerte.
Hay personas que piensan que tienen buena suerte
y personas que piensan que tienen mala suerte».

PROVERBIO JAPONÉS

Según los expertos en esta disciplina, la suerte y la vibración energética van de la mano por una sencilla razón: **atraemos lo que somos.** Todo el universo es energía; por lo tanto, los acontecimientos que vivamos dependerán de la calidad de nuestra energía.

El autor japonés Masaru Emoto demostró en un controvertido experimento el efecto de la energía personal sobre el agua, que posteriormente publicó en su libro *Los mensajes ocultos del agua.* Emoto dividió unas cuantas gotas de agua en dos grupos. Sobre uno vertió todo tipo de reproches, insultos y palabras cargadas de odio. Al otro le dedicó palabras llenas de amor, desde un estado de profunda admiración y compasión. Las del primer grupo, al ser observadas en el microscopio revelaban formas asimétricas sin ninguna armonía ni belleza. Las del segundo grupo, en cambio, dibujaban preciosos diseños dignos de una obra de arte.

Su conclusión fue que, si la energía proyectada sobre unas simples gotas de agua creó semejante disparidad entre unas y otras, no hay más que imaginar el efecto que tiene en nosotros lo que nos decimos y la energía que tenemos. Al fin y al cabo, somos un 60% agua.

Desde este punto de vista, el amor, la alegría, la gratitud y la compasión budista (desear lo mejor para los demás), son expresiones de alta vibración energética. Por el contrario, el rencor, la rabia, el egoísmo, el miedo o la tristeza son energías de baja vibración.

El objetivo del *coaching* energético es ir subiendo la escalera del miedo al amor incondicional, pues nuestra frecuencia vibratoria proviene de los sentimientos que albergamos en el interior.

Subir la vibración energética puede ser un trabajo de toda una vida, pero según los expertos existen dos autopistas para avanzar a marchas forzadas:

1. ***La gratitud:*** Ser agradecido con lo que se tiene es el primer paso para escapar de la escasez que genera el miedo y, por lo tanto, de la baja vibración. Un buen hábito para ello es escribir, cada día antes de acostarte, tres cosas de ese día por las que te sientes agradecido. Así acostumbras a tu cerebro a buscar cosas por las que estar agradecido a lo largo del día.

2. ***Desear el bien a los demás:*** Hay de todo para todos. No debemos caer en la trampa de sentir envidia o de querer que a alguien las cosas no le vayan tan bien. Lo que les deseamos a los demás nos lo estamos deseando a nosotros mismos, como nos enseña una de las máximas del universo: recibes lo que das.

EL DRAGÓN DE HONG KONG

A finales del siglo xix, Tai Hang, hoy un barrio más de la metrópolis de Hong Kong, era un pequeño pueblo de pescadores que parecía estar maldito. Había tifones, plagas y hasta una pitón escurridiza que acabó con gran parte del ganado del lugar.

Desesperados por encontrar una solución, los habitantes pidieron ayuda a un adivino local, que les dijo que la mala suerte se iría si se celebraba un baile de fuego de tres días.

Dispuestos a intentar lo que fuera, se las ingeniaron para construir un dragón de paja, al que dotaron de 72 000 barritas de incienso. El dragón bailó por el pueblo a lo largo de esos tres días, con la ayuda de 300 personas bajo sus 67 metros de longitud.

Nunca sabremos si el adivino dio con la solución, pero lo cierto es que las desgracias cesaron. Desde entonces, para curarse en salud, el baile del dragón de incienso sigue practicándose religiosamente cada año.

Hay quienes creen que el responsable de la buena suerte fue la cantidad de incienso que se quemó. En los templos budistas de toda Asia es común observar a los fieles congregados alrededor de un caldero de metal donde quemar las barritas para atraer a la fortuna, cuantas más mejor. Tal es la convicción de que ese humo emana buenas propiedades, que es común verlos haciendo aspavientos alrededor del caldero en un intento de atraer todo el humo hacia ellos, como quien con las manos se echa la buena suerte a cuestas.

Al incienso siempre se le ha atribuido la cualidad de eliminar energías negativas y ahuyentar a los malos espíritus. Si vamos a una clase de yoga o de meditación es común encontrarnos esa barrita encendida que nos invita a dejar fuera las pesadas cargas de la cotidianidad, para adentrarnos en el estado de relajación y bienestar que proporciona la mezcla en combustión.

Puesto que el fuego es el elemento responsable de trasmutar las energías negativas, quemar incienso en casa es una manera óptima de mantener un buen *feng shui* en el hogar. Según los expertos, el incienso de romero está específicamente indicado para eliminar malas vibraciones, así como el palosanto o la salvia blanca.

De acuerdo con la tradición ancestral china, **mucha energía se estanca en las esquinas de las estancias,** allí donde se juntan dos paredes, así que no te olvides de sahumar a conciencia también por allí. Asegúrate de **ventilar bien todas las estancias posteriormente,** para librarte definitivamente de todo lo que deba irse.

ZHAOCAI MAO:
EL GATO CHINO DE LA SUERTE

«Si no tienes equivocaciones en la vida,
tu vida será un fracaso».

PROVERBIO JAPONÉS

Aunque a cada cultura le gusta pensar que el gato es propio, parece haber bastante consenso en que el origen del gato de la suerte se remonta al país nipón.

Aun así, los chinos lo conocen por su propio nombre: *Zhaocai* (afortunado) *Mao* (gato).

Una de las leyendas más conocidas en China sobre el *Zhaocai Mao* es la del joven Echigoya y su gato Tama, nombre que coincide con la primera historia del *Maneki Neko*.

Había una próspera empresa familiar de tinte de tejidos que iba pasando de generación en generación. El negocio llegó a manos del joven Echigoya, conocido por sus dos pasiones: las casas de apuestas y su gato Tama.

Los sirvientes del joven maestro veían cómo la empresa familiar se iba a pique a causa de su poco esfuerzo y gasto excesivo, pero él creía imposible perder tanto dinero como poseía.

El tiempo acabó dando la razón a quienes veían como día a día Echigoya dilapidaba su fortuna, y los acreedores fueron a llevarse todas sus pertenencias. Desesperado, Echigoya abrazó a su gato Tama y le pidió que le devolviera todo el amor que él le había dado, consiguiéndole tan sólo una moneda de oro. Tras maullar un par de veces en su regazo, el gato saltó y salió sigilosamente de la casa.

A la mañana siguiente, apareció con una moneda de oro en su boca. Echigoya no cabía en sí de gozo, y corrió al casino a recuperar su fortuna.

Al atardecer, regresó habiéndolo perdido todo. De nuevo le sollozó a su gato que le trajera una moneda, prometiendo que esta vez la cuidaría bien y haría buen uso de ella. Tama maulló dos veces antes de salir sigilosamente de casa. Y otra vez más, a la mañana siguiente, el gato llegó con otra moneda en la boca. Echigoya salió corriendo hacia el casino, sólo para volver de nuevo sin nada.

—Maestro, ¿no os parece que Tama no está bien? —preguntó entonces el mayordomo a Echigoya—. Está más delgado que de costumbre, y parece no tener fuerzas.

En efecto, el gato se encontraba descansando en un rincón, a todas luces debilitado. Echigoya lo abrazó con fuerza y le imploró que se recuperara y fuera a por otra moneda de oro.

—Esta vez la utilizaré bien —prometió el joven.

El gato saltó, esta vez sin maullar, y desapareció de la casa silenciosamente. De repente, Echigoya se preguntó de dónde sacaba su gato las monedas de oro, así que decidió seguirlo. Anduvo sigilosamente tras Tama hasta el templo y vio como el gato empezaba a rezar, delante del altar, mientras daba palmas y cantaba:

—¡Toma manos, toma pies, dame monedas de oro! ¡Toma barriga, toma pelaje, dame monedas de oro!

Echigoya no podía creer lo que estaba viendo. Su gato se estaba dejando su propia piel, en el sentido literal, para obtener monedas para él. Horrorizado, gritó:

—¡Basta, Tama, no lo hagas!

Pero el gato, tras mirarle a los ojos por un breve instante, continuó con su plegaria. Poco a poco, Tama empezó a desaparecer, hasta que en su lugar aparecieron tres monedas de oro.

Dicen que, desde ese día, Echigoya se convirtió en una persona nueva. Nunca más se le volvió a ver por el casino, y trabajó tan duro que con el paso de los años consiguió recuperar su fortuna. En conmemoración a su querido gato Tama, se hizo esculpir un gato con una moneda de oro en la entrada de su casa.

Los vecinos empezaron a pensar que el responsable de la recuperación económica de Echigoya había sido esa curiosa estatuilla, y pidieron ponerla también en sus casas para atraer la buena fortuna, sin saber que ésta era fruto de un cambio en el corazón del hombre y de un gran esfuerzo.

Uno de los mensajes de esta historia es que **nuestra suerte sólo cambiará cuando cambiemos de hábitos, lo que implica sobre todo deshacernos de los que son negativos.**

En China, cada pequeño detalle del *Zhaocai Mao* importa, y la pata que levante el gato para saludar y dar la bienvenida nos indicará cuál es su función. Si levanta la pata izquierda, servirá para atraer buenos huéspedes. Si levanta la pata derecha, servirá para atraer dinero. Existen también, en un pequeño porcentaje, gatos de la suerte con ambas patas levantadas. En este caso, protegen el espacio en el que se encuentran.

FUNERALES EN VIDA

¿Por qué esperar a la reencarnación para empezar de nuevo cuando en Tailandia es posible experimentar tu propio funeral mientras aún estás vivo?

Esta práctica budista que puede realizarse en algunos templos tailandeses consiste en meterse dentro de un ataúd blanco para eliminar el karma negativo y deshacerse de la mala suerte.

El practicante permanece acostado dentro del féretro blanco, color de la muerte en la mayoría de los países asiáticos, y éste se cubre con una sábana de la misma tonalidad. Las manos, en posición de muerto, se juntan en el pecho sosteniendo un ramo de flores o de hierbas auspiciosas, como las orquídeas.

Esta práctica se considera una forma de renacimiento en vida a través de la cual puedes limpiarte de todas esas energías negativas que las vivencias han ido acumulando en ti. Así, la mayoría de las personas que suelen acudir a este culto han tenido malas experiencias recientemente, como si alguien les hubiera echado un mal de ojo.

Muchos llegan nerviosos, por lo que la primera tarea del monje consiste en tranquilizarlos y decirles que deben enfocarse en el momento presente, intentando captar el cambio energético que está a punto de producirse. Al terminar el rito, el monje los bendice con agua sagrada perfumada.

Tras esta muerte simbólica, los asistentes afirman sentirse con la energía completamente renovada, como si hubieran renacido y empezaran de cero desde ese estado de pureza en el que llegamos al mundo. Agradecidos por esta segunda oportunidad, pueden empezar una nueva vida mucho más ligeros de equipaje.

Este tipo de rituales empezaron alrededor de 2004, y se han convertido en todo un fenómeno. Si bien el 90% de los tailandeses son budistas, no todos ven esta nueva práctica con buenos ojos. Sin embargo, los que la han experimentado afirman que los efectos son automáticos, incluso para que un negocio prospere o para superar una adicción.

Tanto si la mala suerte puede repelerse con un funeral en vida como si no, lo que es cierto es que nos recuerda que **la muerte es lo único a lo que nos encaminamos todos, así que hay que ser cuidadoso con cómo vivimos nuestra vida.**

RITUALES INDIOS
DE LA BUENA SUERTE

Los japoneses no son los únicos fanáticos de los amuletos y supersticiones. En la India también abundan estas creencias, y es común observar tótems y amuletos en los lugares más insospechados.

Si alguna vez tienes la ocasión de viajar hasta el subcontinente, no tardarás en darte cuenta de que algunos coches arrastran consigo un par de babuchas viejas. Lejos de ser un despiste, se trata de un repelente del mal de ojo.

Todo empezó cuando, con la aparición de los coches, las malas miradas de envidia hacia quien se lo podía permitir crearon una energía demasiado densa para los conductores. Desde entonces es común colgar unas babuchas del coche para que su fealdad repela el mal de ojo. Hoy día, muchos camiones y taxis optan por, sencillamente, dibujar la silueta de una babucha en la parte trasera de su vehículo, para no ir arrastrando zapatos durante miles de kilómetros.

Como en la mayoría de las culturas supersticiosas, **el dinero también tiene sus propias reglas: nunca debe entregarse una cantidad redonda.** Para que un regalo monetario sea auspicioso conviene que tenga una rupia extra: por ejemplo, 10 001 rupias.

Por este motivo, muchos de los sobres en los que se dona dinero como regalo de bodas ya vienen con una rupia extra incrustada.

Para los indios es fundamental proteger el hogar con dioses favorables. Una representación de Ganesha no puede faltar en ninguna casa. Sin embargo, si la casa está en obras, entonces la diosa que se precisa es Kali, la energía femenina del gran dios Shiva.

Además, durante el festival de Diwali, todas las casas se decoran con cientos de luces, a la espera de que la diosa Lakshmi, que rige la riqueza y la prosperidad, llegue al hogar y decida quedarse.

Ritos hinduistas a parte, los indios tienen muchas supersticiones que son comunes a otras culturas, como la mala suerte al ver un gato negro, pasar debajo de una escalera, barrer por la noche o romper un espejo. En estos casos, la mala suerte se adhiere a quien tiene esa creencia.

Somos lo que hacemos. Pero somos también lo que creemos.

EMA

Cuentan las leyendas que los *kami,* las deidades japonesas, viajan a caballo. En la antigüedad, la gente acaudalada donaba caballos a los santuarios con la esperanza de que ello traería buena fortuna a sus familias.

Las personas que no se podían permitir este regalo comenzaron a donar tablillas de madera con forma de caballo. Con el paso del tiempo se extendió la costumbre de escribir deseos en estas tablillas y, en vez de tener forma equina, pasaron a imitar la silueta de un establo con tejado triangular.

Estos orígenes explican el nombre de estas tablillas, que se llaman *ema* (絵: dibujo, 馬: caballo).

Hoy en día, según el santuario y el año, las tablillas no sólo tienen dibujos de caballos, sino también de animales mitológicos. La costumbre dicta que tienes que escribir tu deseo en una *ema* y colgarla en el santuario. Pasado un tiempo, todas las tablillas son quemadas, liberando el espíritu que se cree que habita en cada uno de los deseos.

Si viajas a Japón, puedes escribir tus deseos en una *ema* cuando visites un santuario sintoísta. Si no, también puedes escribir tus deseos u objetivos en tu libreta favorita o en un pósit o similar, y colgarlo luego en tu nevera.

Según un estudio del doctor Gail Matthews[2] de la Universidad Dominicana de California, **el simple acto de escribir nuestros objetivos incrementa las probabilidades de que los cumplamos en aproximadamente un 42%.**

Escribir nuestros propósitos no es una garantía de que mágicamente los alcancemos, pero está demostrado que es de gran ayuda por diferentes razones:

—El hecho de escribir nos ayuda a clarificar lo que está danzando dentro de nuestra mente.

—Nos sirve de recordatorio cada día para centrar nuestras energías en lo verdaderamente importante para nosotros.

—Psicológicamente, cuando escribimos nuestros objetivos es como si estuviéramos firmando un contrato con nosotros mismos. Nos ayuda a tener más compromiso a la hora de tomar la iniciativa para llevarlos a cabo.

EJERCICIO PRÁCTICO. NUESTRO EMA PERSONAL

Primer paso:

Elige un área en la que en este momento de tu vida sientas un vacío en la que necesites tomar la iniciativa para corregir:

1. Amor y relaciones
2. Dinero, finanzas
3. Propósito y/o trabajo

---

2. Fuentes: www.dominican.edu/sites/default/files/2020-02/gailmatthews-harvard-goals-researchsummary.pdf y www.inc.com/peter-economy/this-is-way-you-need-to-write-down-your-goals-for-faster-success.html

4. Salud

5. Aprendizaje y crecimiento personal

Segundo paso:
Basándote en el tema elegido en el primer paso, escribe varias frases con lo primero que te venga a la mente, sin importar el orden. Pueden contener sentimientos de frustración sobre el área de tu vida que quieres corregir.

Tercer paso:
Concreta lo que has escrito en el segundo paso en un máximo de 3 objetivos o acciones. Deben tener un tono positivo y proactivo. Escríbelas en una cuartilla que puedas colgar en tu pared junto a tu escritorio o en la nevera, en un lugar que puedas ver cada día.

Ejemplo práctico:
Paso 1) Elegimos el tema **salud.**

Paso 2) Escribimos lo primero que nos viene a la mente: durante los últimos años estoy descuidando mis hábitos y he ganado peso. Cada vez que me propongo controlar mis hábitos alimenticios fallo miserablemente. No recuerdo cuándo fue la última vez que hice ejercicio. Debería empezar a moverme y a cuidar mi dieta.

Paso 3) Escribimos en limpio en una cuartilla de papel **tres objetivos:**
- Hacer ejercicio al menos dos veces a la semana, empezando con sesiones de yoga.
- Dejar de comer dulces y postres.

- El objetivo y deseo final es perder 5 kilos en los próximos 6 meses.

Mujer leyendo tablillas *ema* en un santuario de Tokio. © Héctor García

Tablillas *ema* en Hakone adornadas con dragones, animal mitológico que suele ser el protagonista de leyendas de la zona. © Héctor García

100% DE RESPONSABILIDAD

Desde Japón, para seguir abordando la buena fortuna vamos a poner rumbo hacia unas islas que están a medio camino entre Asia y América, aunque geográficamente se hallan en Oceanía.

La actual cultura de Hawái tiene influencias muy diversas, incluyendo la japonesa. Prueba de ello es que uno de sus autores contemporáneos más célebres, a quien dedicaremos más adelante un capítulo, es Robert Toru Kiyosaki, el conferenciante y empresario de ascendencia nipona que escribió *Padre rico, padre pobre.*

En este capítulo, sin embargo, hablaremos de la sabiduría ancestral hawaiana, que muchas personas conocen por el Ho'oponopono, y que tiene uno de sus pilares en **el principio de responsabilidad al 100%.**

Los *Kahunas* –se traduce como «maestro» o «sacerdote»– de esta cultura afirman que **cada ser humano es 100% responsable de su realidad.** Por lo tanto, es inútil culpar a otras personas, a los males del mundo o a cualquier otra situación externa de nuestra situación.

Cada persona crea su realidad. Por lo tanto, si la tuya te desagrada, **eres 100% responsable de crear otra realidad con la que te sientas a gusto.**

De hecho, Ho'oponopono significa **«corregir un error»**, lo cual tiene todo el sentido, ya que si asumimos que tenemos el poder de crear nuestra realidad –aunque hasta ahora hayamos actuado de forma inconsciente–, también tenemos el poder de cambiarla.

En el momento en que una persona asume que, en el fondo, todo depende de sí misma, deja de culpar a las circunstancias y a los demás para ponerse a trabajar en su vida. Desde este punto, tener buena o mala suerte es ya una decisión personal.

Veamos un par de ejemplos de lo que cambia cuando asumimos el 100% de responsabilidad:

- Si hasta ahora has tenido «mala suerte» en el amor, pregúntate quién ha elegido a tus parejas, muy probablemente repitiendo los mismos errores. ¿De quién depende cambiar eso?
- Si financieramente las cosas no te han ido bien hasta ahora y a otras personas que conoces sí, pregúntate qué hacen ellas que no haces tú. Nuevamente, ¿de quién depende cambiarlo?

Puedes aplicar el principio de 100% de responsabilidad a todos los ámbitos de tu vida, partiendo de la base de que **todo se crea en la mente antes de que se materialice en tu realidad.** Por lo tanto, al cambiar tu forma de pensar y hacer, cambia totalmente tu fortuna.

En un plano más espiritual, el Ho'oponopono sostiene que en el subconsciente se almacenan memorias dolorosas y negativas que producen enfermedad y dolor. Hasta que no las «limpiemos», continuaremos repitiendo los mismos episodios y circunstancias dolorosas, porque las estamos atrayendo desde el subconsciente.

Para esa limpieza, los hawaianos utilizan un hilo de cuatro expresiones: **perdona, lo siento, te amo, gracias.**

Perdona inicia la liberación, arranca el ancla de la culpa.

Lo siento ofrece nuestra aceptación de la responsabilidad por lo que ha sucedido.

Te amo abre las puertas del corazón, manifiesta la conexión entre uno mismo y los demás y el universo.

Gracias enciende la energía de la abundancia, desde el reconocimiento de todo lo que ya tenemos.

Ante cualquier conflicto o dolor que nos genera sufrimiento, el Ho'oponopono recomienda que repitamos varias veces **perdona, lo siento, te amo, gracias** para limpiar nuestro campo mental de restos negativos y crear la vida que queremos desde el 100% de responsabilidad.

¿EXISTE LA SUERTE?

Nassim Nicolas Taleb escribió *¿Existe la suerte?* en 2005, un par de años antes de que se publicara el libro que le llevó a la fama mundial: *El cisne negro*, traducido a más de 30 idiomas.

Ensayista y excorredor de bolsa, en este segundo libro exponía esos acontecimientos altamente improbables, los cisnes negros, que cuando llegan alteran el entorno de forma radical. El 11-S o el éxito de Google y YouTube serían cisnes negros, y afirmaba que estos eventos disruptivos serán cada vez más comunes. Sin duda, el coronavirus y el auge de TikTok son muestra de ello.

En el libro que nos ocupa, centrado específicamente en el tema de la suerte, Taleb nos invita a darnos cuenta de que **el mundo está regido por el caos, la aleatoriedad y la no-causalidad.** Así, al calificar a un inversor de visionario, nos olvidamos del papel que juega el puro azar en el resultado.

Debido al sesgo retrospectivo y al sesgo de supervivencia, en particular, tendemos a olvidar a los muchos que fracasan, a recordar a los pocos que tienen éxito y luego a crear razones y patrones para su éxito, sin admitir que en gran medida fue aleatorio. No todo es tan lógico y predecible como queremos verlo *a posteriori*, intentando establecer causalidades que muchas veces son imposibles de probar.

Según Taleb, **un éxito corriente puede ser explicado por el esfuerzo y la perseverancia, pero un éxito de grandes dimensiones suele tener mucho que ver con la variación y la suerte.**

El título del libro en inglés, *Fooled by Randomness: The Hidden Role of Chance in Life and in the Markets*, significa literalmente: Engañados por la aleatoriedad: El rol escondido del azar en la vida y en los mercados. Esta aleatoriedad, y no la lógica, según Taleb, rige la naturaleza de muchos eventos cotidianos o del mundo de los negocios.

Así, *¿Existe la suerte?* narra en forma de ensayo cómo la fortuna, la incertidumbre, la probabilidad, el error humano, el riesgo y la toma de decisiones trabajan juntos para influir en nuestras acciones, en el contexto de los negocios y, más específicamente, de la inversión, para descubrir cuánto más importante es el papel del azar en nuestras vidas de lo que nos gusta admitir.

Si te das cuenta de que estás haciendo algo extraordinariamente bien en una situación aleatoria, sigue haciendo lo que te funciona, pero limita tus posibles pérdidas. No hay nada de malo en beneficiarse de la aleatoriedad siempre que te protejas de los eventos aleatorios negativos. A mucha gente le fue muy bien vendiendo mascarillas durante el primer año de la pandemia. El problema llegó cuando la demanda cayó y no encontraron un producto sustituto para mantener el ritmo de negocio.

La aleatoriedad hace que muchas estrategias funcionen bien en ciclos a corto o mediano plazo, pero a largo plazo no suelen ser sostenibles. Son estrategias subóptimas que ganan un ciclo a corto plazo aleatoriamente beneficioso. Cuando las cosas van bien es bueno no creerse demasiado listos y analizar en profundidad si nuestros planes van a seguir funcionando a largo plazo o no.

En todo caso, la clave para saber si estás ante una habilidad o bien una aleatoriedad es la repetitividad. **Si no puedes repetirlo, se trató de azar, así pues, no hay habilidad.**

Taleb asegura que tomamos decisiones basadas en nuestros sesgos, que son emocionales. Tanto la detección de riesgos como la evitación de éstos no están pensadas en la parte racional del cerebro, sino en gran medida en la parte emocional. Las consecuencias son enormes: significa que **el pensamiento racional tiene muy poco que ver con la evitación de riesgos.** Muchas veces lo único que hacemos es intentar racionalizar con algún tipo de lógica las decisiones tomadas a nivel emocional.

El resumen de este libro bien podría ser que el único aspecto de tu vida sobre el que la fortuna no tiene control es tu comportamiento (que es más emocional de lo que creías). En todo lo demás, hay azar.

Con todo, Taleb afirma:

Algunos tienen mala suerte en la vida a pesar de tener conocimientos, pero al cabo del tiempo llega un momento en el que las cosas empezarán a ir bien para ellos. Al tonto con suerte puede que le vaya bien durante un tiempo, pero a largo plazo poco a poco terminará en un estado de tonto con menos suerte.

«Todo en la vida es desconcertante,
no hay nada garantizado,
la suerte toma su camino,
la esperanza alegra nuestro corazón,
pero que es exactamente lo que sucederá en el futuro,
y por qué camino seguimos,
ningún mortal lo sabe,
un dios nos guía a todos… y aun así,
a veces, una brisa terrible
sopla en contra de la buena suerte».

HERMOLOCHUS

EL RIESGO Y LO QUE PODEMOS CONTROLAR

Según el estoicismo, **preocuparnos por las cosas fuera de nuestro control es la fuente de la infelicidad.** Séneca, uno de los filósofos estoicos romanos más importantes, dijo: Suerte es lo que sucede cuando la preparación se encuentra con una oportunidad.

Es decir, «prepararnos» está bajo nuestro control. Siempre podemos mejorar nuestra preparación para estar listos cuando una oportunidad se presente. Según esta perspectiva, podemos «crear» o «manipular» cierta parte de la «suerte en general», pero otra parte de la suerte (las oportunidades) están fuera de nuestro control.

Una forma útil para pensar en la suerte es dividirla siguiendo esta filosofía estoica según el problema al que nos estemos enfrentando.

Por ejemplo, si estamos estudiando para un examen, un 90 % de la suerte o más está en nuestras manos si nos preparamos bien. Si no estudiamos, quizás baje a un 50 % o menos. Es nuestra responsabilidad estudiar lo mejor posible para minimizar el porcentaje que dejamos en manos del puro azar.

El nivel de suerte que podemos manipular a nuestro favor a la hora de encontrar una pareja es menos flexible. Por muy amables que seamos quizás no le gustemos a la otra persona, factor que no podemos controlar.

En temas de salud, si llevamos una vida saludable comiendo bien y haciendo ejercicio, las probabilidades de caer enfermos bajan, pero sigue existiendo la posibilidad de que la mala fortuna (fuera de nuestro control) nos toque. Tu responsabilidad es centrarte en lo que puedes controlar, es decir, en llevar un buen estilo de vida sin estrés.

Si jugamos a la lotería, o nos gustan las apuestas, lo único que podemos controlar es nuestra participación, el resto queda en manos del azar. Un 99,9999999 % o más está fuera de nuestro control.

Si eres un piloto de avión o alguien trabajando en una profesión de mucho riesgo, te tienes que asegurar de que el 99,9999999 % está bajo tu control, y no dejar apenas nada en manos del puro azar.

Con estos ejemplos quiero hacerte reflexionar sobre diferentes facetas de tu vida en las que puedes influenciar más o menos los porcentajes que puedes controlar y los que no.

No hay nada malo en lanzarse a situaciones en las que casi todo está en manos del puro azar, pero es importante analizar y ser consciente de la situación.

Tú puedes decidir tu nivel de riesgo según tu personalidad.

«Alto riesgo, alta recompensa» se dice en inglés para motivar a emprendedores cuando fundan una *startup*.

Preguntas útiles para considerar nuestra capacidad de emprender y asumir riesgos:

- En este nuevo camino o reto en la vida, ¿qué porcentaje más o menos está bajo mi control?

- ¿Cómo puedo prepararme lo mejor posible para minimizar las probabilidades de tener mala suerte?
- ¿Qué es lo peor que puede pasar si la mala suerte me golpea? ¿Qué es lo mejor que puede pasar si todo va bien?
- ¿Podemos volverlo a intentar incluso si todo va mal? Si inviertes todo tu dinero en una empresa y quiebra, estarás arruinado, pero si inviertes sólo un 1 % de tu dinero, aunque lo pierdas, podrás volver a intentarlo.

EL AZAR FAVORECE A LA MENTE PREPARADA

Una de las frases más citadas del microbiólogo y químico francés Louis Pasteur es: ***En el campo de la observación, el azar solo favorece a las mentes preparadas*** *(Dans les champs de l'observation le hasard ne favorise que les esprits préparés)*, un pensamiento que liga con el que acabamos de ver de Séneca.

Con el tiempo comenzó a ser citado fuera del mundo de la ciencia y el aforismo quedó resumido en:

El azar sólo favorece a las mentes preparadas.

Louis Pasteur, uno de los científicos más importantes de la época, quería transmitir la idea de que los descubrimientos y avances en la ciencia no suceden a menos que tengas el conocimiento necesario para ello.

Con el paso del tiempo, tendemos a tener una visión romántica y nos imaginamos a genios creando nuevas teorías meramente por azar. Un buen ejemplo es la historia de Isaac Newton cuando vio caer la manzana y de repente tuvo un momento de eureka que le llevo a desarrollar la gravitación universal. Para llegar a ese punto en el que Newton tuvo la intuición de conectar el hecho de la manzana cayendo y una nueva ley física, estudió y se estuvo preparando durante más de cuarenta años.

Sí, los momentos eureka, de azar y suerte, existen, pero muchas veces olvidamos todo el conocimiento y preparación que hubo detrás para llegar a ese momento mágico.

Algunos tipos de suerte no los podemos elegir; por ejemplo, dónde nacemos, o ciertos infortunios con la salud, pero en muchas otras cosas en la vida, somos nosotros los responsables de dar los pasos necesarios para prepararnos lo mejor posible y, en consecuencia, que la suerte comience a jugar a nuestro favor.

«¡Qué suerte tiene todo el mundo menos yo!» dice el vago tirado en el sofá viendo en las noticias a alguien que ha tenido éxito vendiendo una empresa o ganando una medalla olímpica. En japonés tenemos el aforismo:

El azar no sonríe a aquellos que no están preparados.

偶然は準備のできていないものには微笑まない

Yamamoto Tsunemoto, un monje budista que vivió en la era Edo escribió en Hagakure:

En el mundo de la estrategia militar podemos diferenciar entre los samurái que están preparados y los que no. El guerrero preparado no sólo es capaz de solucionar problemas rápido y con sabiduría basándose en su experiencia, también es capaz de reaccionar de forma apropiada ante cualquier situación. Siempre está preparado. En cambio, el guerrero que no está preparado puede que a veces solucione un problema, pero será más gracias a la suerte que otra cosa.

Tsunemoto reconoce que incluso la suerte puede ayudar a veces a aquel que no está debidamente preparado, pero considera claramente que **quien acumula sabiduría y experiencia tiene ventaja sobre los demás.**

LA BUENA SUERTE

Hace un par de décadas, dos consultores de empresa españoles, Àlex Rovira y Fernando Trías de Bes, triunfaban en Japón y en una treintena de países más con su fábula *La buena suerte*.

La historia empieza con dos viejos amigos que se reencuentran en un parque tras largo tiempo sin haberse visto. La «suerte» de uno y otro no puede ser más desigual.

Al primero le tocó la lotería y, tras marcharse del pueblo, fue de mal en peor hasta arruinarse de todo.

El segundo tuvo un inicio muy humilde y radicalmente opuesto al de su amigo de infancia. Empezó trabajando de conserje, pero llegó a crear un imperio. Lo logró sin tener ningún «golpe de suerte» ni herencia alguna.

«¿Cómo lo hizo?», le pregunta, fascinado, el primero.

El otro le contesta que fue gracias a un cuento que le legó su padre, y que empieza así:

Hace mucho tiempo, en un reino muy lejano, un mago llamado Merlín reunió a todos los caballeros del lugar en los jardines del castillo real y les dijo:

—Hace tiempo que muchos de vosotros me pedís un reto. Algunos me habéis sugerido que organice un torneo entre todos los caballeros del reino. Otros habéis pedido que organice un concurso de destreza con la lanza y la espada. Sin embargo, voy a proponeros un reto diferente.

La expectación entre los caballeros era máxima. Merlín continuó:

—He sabido que en nuestro reino, en un plazo de siete lunas, nacerá el Trébol Mágico.

Hubo entonces un revuelo, murmullos y exclamaciones entre los presentes. Algunos ya sabían a qué se refería; otros no. Merlín puso orden.

—¡Calma, calma! Dejadme que os explique qué es el Trébol Mágico: es un trébol de cuatro hojas único, que proporciona al que lo posee un poder también único: la suerte sin límites. Sin límite de tiempo ni límite de ámbito. Proporciona suerte en el combate, suerte en el comercio, suerte en el amor, suerte en las riquezas..., ¡suerte ilimitada!

Del relato se van extrayendo las 10 leyes de la buena suerte, de las cuales veremos algunas claves:

- La primera es que *la suerte no dura demasiado tiempo, porque no depende de ti. La buena suerte la crea uno mismo, por eso dura siempre.*
- Para crear uno mismo buena suerte, hay que crear circunstancias nuevas que sean favorables para que ocurran cosas buenas.
- Esa creación de circunstancias favorables depende de la preparación. **PREPARACIÓN + OPORTUNIDAD = BUENA SUERTE.**
- «Nadie puede vender suerte», aseguran los autores. «La buena suerte no se vende. Desconfía de los vendedores de suerte».

- Las oportunidades no son cuestión de suerte o de azar, como muchas personas piensan equivocadamente. Siempre están ahí. La diferencia es que unas personas saben verlas y otras no.

En este clásico moderno de la autoayuda subyace, además, una idea que hemos visto en varios momentos de este libro. **Las personas de éxito no pertenecen a una raza diferente, lo que marca de la diferencia son sus hábitos y su actitud.**

Por consiguiente, la pregunta esencial es: **¿qué hacen ellos que no hago yo?**

WARASHIBE CHŌJA

Érase una vez un joven llamado Yosaku, que iba de pueblo en pueblo ayudando a otros agricultores y viviendo de la comida que recibía por su trabajo. Como no tenía hogar, solía dormir en templos budistas, donde rezaba a Kannon, la diosa de la misericordia.

—Kannon, me esfuerzo mucho cada día. Por favor, déjame dormir aquí esta noche y permíteme encontrar trabajo mañana —decía en su plegaria diaria.

Una noche, Kannon, resplandeciente de luz dorada, se apareció al lado de Yosaku.

—Despierta —le dijo la diosa—. Tu forma de ser es merecedora de toda mi admiración, Yosaku. No tienes nada, pero nunca te quejas y ayudas a los demás tan sólo a cambio de verduras para comer. Quiero ayudarte a construir una vida feliz. Recuerda bien esto: lo primero que agarres mañana al levantarte te traerá gran fortuna.

Dicho esto, Kannon desapareció.

Al día siguiente, de camino al trabajo, Yosaku tropezó con una piedra y se cayó. Cuando se puso de pie, vio que se le había pegado un tallo de paja en la mano. «¿Será esto a lo que Kannon se refería? ¿Cómo me traerá fortuna este trozo de paja?», pensaba desconcertado.

Mientras pensaba esto, un tábano pasó volando y empezó a zumbar alrededor de su cara. Yosaku lo atrapó y lo ató al final de su pajita. El insecto quiso escapar, pero el joven sostenía el otro extremo del tallo, por lo que el tábano hacía girar la pajita en círculos, como si fuera un divertido juguete.

Un niño rico que pasaba lo vio y no pudo contenerse:

—¡Quiero uno! ¡Quiero uno! –le dijo a su tutor.

Yosaku se lo dio con mucho gusto y, a cambio, fue obsequiado con tres naranjas.

«¡Vaya, tres naranjas por un solo trocito de paja!» pensó alegremente, y de nuevo continuó por su camino.

Al poco rato, se encontró con una mujer que parecía estar pasándolo realmente mal.

—¡Tengo tanta sed que creo que me voy a desmayar! Por favor, dame un poco de agua –le dijo la mujer.

—Estas naranjas pueden ayudarte. Tómalas, por favor –le dijo ofreciéndole los tres frutos que acababa de conseguir.

La mujer se las comió y pronto se repuso.

—Me has salvado, te estoy muy agradecida. Por favor, toma esto como muestra de mi agradecimiento –dijo entregándole a Yosaku un paquete de tela de seda.

«Esta tela tan cara debe ser el regalo de Kannon», pensó Yosaku, que empezaba a creer en la profecía de la diosa.

Tras andar unos pocos metros, se encontró con dos samuráis parados en medio del camino. Su caballo, exhausto por el calor, estaba tirado en el suelo sin poder levantarse.

—¡Qué caballo tan inútil! –decía uno de los samuráis, que no lograba que su caballo se moviera.

Yosaku observó la escena durante un rato, hasta que tomó una decisión:

—Honorable samurái, ¿le apetecería cambiar su caballo por esta tela de seda tejida?

El samurái no cabía en sí de gozo.

—¡Maravilloso! Hoy debe de ser nuestro día de suerte. ¡No sólo podemos deshacernos de este caballo inútil, sino que además nos darás un fardo de seda!

Yosaku se giró hacia el caballo y entendió que su mal no era otro que el mismo de la mujer. Necesitaba agua urgentemente. Al mirar alrededor vio que había un pequeño arroyo, suficiente para calmar la angustia del animal.

—Toma, bebe un poco de agua –le dijo mientras le llevaba el agua hasta el hocico.

Yosaku tuvo que hacer unos cuantos viajes al arroyo, pero finalmente el caballo pronto se puso de pie, aliviado. Entonces montó el caballo y cabalgó hasta las afueras de la ciudad, donde se encontró con una finca. Observó que los dueños estaban haciendo preparativos de viaje, apilando mucho equipaje en un carro, así que pensó que podrían necesitar otro caballo.

Yosaku se aproximó al hombre que parecía el dueño de la casa y, relatándole los detalles de su viaje, le preguntó si le gustaría comprar el caballo.

—Me encantaría comprarlo, pero voy a irme de viaje y no tengo dinero de sobra. Te propongo, en cambio, que te quedes con parte de mi arrozal. Además, puedes cuidar de la casa mientras yo no esté.

Yosaku no sólo consiguió su propio arrozal, sino también un lugar para vivir. Esto lo inspiró a trabajar más duro que nunca.

Pasaron unos meses y el propietario volvió de su viaje. El arroz crecía abundantemente y la casa había sido limpiada por dentro y por fuera, fachada incluida. Nunca antes se había visto tan majestuosa. El dueño estaba impresionado con el trabajo de Yosaku.

—Me has dejado sin palabras –le dijo–. Eres un buen muchacho, honrado y trabajador. ¿Por qué no te casas con mi hija y vives en esta casa para siempre?

Yosaku no podía creer su suerte. Aceptó felizmente, se casó y fue bendecido con hijos adorables. Siempre trabajó con gran esfuerzo y se hizo muy rico. En su corazón siempre había espacio para los pobres o necesitados, a quienes ayudaba esperando que pudieran prosperar como él.

Su historia era conocida por todos y le llamaban *Warashibe Chōja*, literalmente «el señor del tallo de paja».

SADAKO Y LAS MIL GRULLAS DE LA PAZ

«Continuar te da poder».

PROVERBIO JAPONÉS

Sadako Sasaki fue víctima, siendo niña, de la bomba atómica que Estados Unidos dejó caer en Hiroshima en 1945. El día de la catástrofe ella tenía dos años y estaba en su casa, situada a unos 1 500 metros de la zona cero. En el momento del impacto, la onda expansiva la golpeó con tal fuerza que salió volando por la ventana. Su madre salió corriendo a buscarla, sospechando que habría muerto, pero milagrosamente no tenía ninguna herida.

Sadako tuvo una infancia normal, dentro de lo que cabe, y llegó a ser parte del equipo de carreras de relevos de su clase en el colegio. Pero cuando cumplió doce años le fue diagnosticada leucemia, causada por la radiación nuclear, y le dijeron que le quedaban apenas unos meses de vida.

Una amiga le contó que, según la leyenda, si creas 1 000 grullas de origami, cualquier deseo se cumplirá. En la habitación del hospital comenzó a doblar papel para crear una grulla tras otra.

Según el libro *Mil pájaros de papel: La Historia de Sadako Sasaki* (Nube de Tinta, 2020), coescrito por su hermano mayor y el artista Sue Didicco, conforme pasaban los días iba perdiendo fuerzas y le costaba más doblar nuevas grullas, pero consiguió superar las 1000 llegando hasta 1300 grullas de origami antes del día de su muerte.

Su deseo no se cumplió, pero le dio esperanza en sus últimos días de sufrimiento, y su historia se convirtió en un símbolo de la paz.

Tras su muerte, en el Parque Memorial de la Paz de Hiroshima se erigió una estatua de Sadako sosteniendo una grulla dorada. No sólo en Japón, también en el Parque de la Paz en Seattle, se erigió una estatua dedicada a ella.

Cada año, el 6 de agosto, el Día de la Paz en Japón, niños de todo el país doblan grullas de origami en honor a todos los niños que han sido víctimas de la guerra. Las escuelas de Hiroshima llevan las grullas al Parque Memorial de la Paz, donde cuelgan miles de grullas alrededor de la estatua de Sadako.

Su historia nos enseña que, aunque las supersticiones y creencias no obran milagros, sí tienen el poder de convertirse en símbolos de esperanza. Las grullas de Sadako son un recordatorio de que la humanidad puede crear un futuro mejor, un mundo con paz.

La esperanza es uno de los mejores elementos curativos para el corazón humano. «Mientras hay esperanza hay vida», dijo Ana Frank.

LAS LECCIONES DEL PADRE RICO

«No mires atrás, no mires atrás,
no hay ningún sueño atrás».

PROVERBIO JAPONÉS

En Hawái encontramos al autor y consultor de origen japonés Robert Kiyosaki, que se hizo famoso a finales del siglo XX con su obra *Padre rico, padre pobre,* que empieza así:

Yo tuve dos padres, uno rico y otro pobre. Uno era inteligente y muy educado; tenía un doctorado [...], el otro padre nunca terminó la secundaria [...], uno de ellos tuvo problemas financieros toda su vida. El otro se convertiría en uno de los hombres más ricos de Hawái.

Para no hacer *spoilers,* dejo a la imaginación y juicio del lector adivinar cuál de los dos fue el que hizo fortuna, cuál devino el padre rico. Yo me centraré en cómo logró forjarse su buena suerte.

Uno de los principios del libro es que **vender el propio tiempo a cambio de dinero es un pésimo negocio,** ya que, según Kiyosaki la única diferencia entre la persona rica y la persona pobre está en cómo utilizan su tiempo.

Nuestro tiempo es limitado y lo que podemos obtener a cambio sólo nos alcanza para sobrevivir hasta fin de mes y endeudarnos constantemente.

Es lo que Kiyosaki denomina «**la carrera de la rata**». Es decir, la persona pasa todo el mes trabajando y corriendo para pagar sus facturas y créditos a fin de mes, tras lo cual la rueda vuelve a empezar.

Si tenemos la suerte de obtener un ascenso o de lograr más ingresos, automáticamente aumentamos nuestros gastos, con lo cual seguimos endeudados y la carrera de la rata sigue sin fin. En palabras de Kiyosaki:

> Una diferencia importante es que los ricos compran los lujos al final, mientras que los pobres y la clase media tienden a comprar los lujos primero.

¿Cómo salir de la carrera de la rata y cambiar nuestra suerte?

Según Kiyosaki, se trata de conseguir activos que trabajen por nosotros. Algunos ejemplos:

Invertir en inmuebles que generan un alquiler.

Automatizar negocios que producen beneficios sin que debamos estar presentes (por ejemplo, un curso *online*).

Tener acciones que den dividendos anualmente.

Cobrar *royalties* por trabajos que hemos realizado ya; éste es el caso de un escritor que cobra cada año derechos por las ventas de sus libros.

En opinión de Kiyosaki, **nuestra riqueza se mide por el número de días que podemos vivir de nuestros activos.** De acuerdo con esto, un profesional que gane 25 000 € al mes pero que tenga gastos equivalentes es más pobre que quien posee un ahorro puntual de 25 000€ y puede vivir con 2 500€ al mes.

El primero no puede permanecer ni un mes sin trabajar, mientras que el otro puede estar 10 meses sin generar dinero. Por lo tanto, es mucho más rico.

En todo caso, la filosofía de los activos que no requieren de nuestra presencia es que generan ingresos recurrentes, más allá del ahorro que podamos consolidar.

Una de las frases prohibidas para Kiyosaki es «No se puede» y lo explica así:

La frase «No se puede» convierte a la gente fuerte en débil, ciega a personas que pueden ver, entristece a la gente feliz, convierte a los valientes en cobardes, le quita a un genio su sagacidad, causa que la gente rica piense pobremente, y limita los logros de esa gran persona que vive dentro de todos nosotros.

¿Qué puedes hacer para convertirte en un padre rico?

LOS TRES CÍRCULOS DE LA BUENA SUERTE

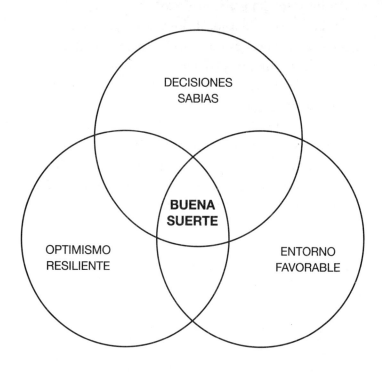

EL PRIMER CÍRCULO DE LA BUENA SUERTE: DECISIONES SABIAS

Tomar buenas decisiones es de vital importancia. Las repercusiones de una mala decisión pueden tener consecuencias durante muchos años. Por el contrario, si elegimos bien, la suerte comenzará a soplar a nuestro favor.

Por ejemplo, elegir una buena pareja con la que compartir nuestra vida es una elección que nos hará crecer como personas. Por el contrario, si nos equivocamos, una pareja que no es compatible con nuestros planes vitales tendrá la capacidad de hundirnos incluso aunque ésa no sea su intención.

La gran pregunta es: ¿cómo tomamos buenas decisiones? Éstas son **tres claves** que te ayudarán en momentos de duda:

1. ELEGIR AQUELLO QUE NOS DÉ MÁS OPCIONALIDAD

«Opcionalidad» es un término que se suele utilizar en el mundo de las inversiones para referirse a oportunidades de inversión en las que se puede adquirir un producto financiero y, en el futuro, tener opciones para vender, pero no la obligación.

Ante varias opciones, siempre es mejor elegir aquella que nos vaya a abrir más puertas en el futuro sin obligarnos a nada.

Por ejemplo, si tomas la decisión de educarte y aprender algo nuevo, tendrás muchas más oportunidades de trabajo, y quizás dejes de sentir obligación de trabajar en algo que no te gusta sólo para ganar dinero.

Una buena decisión tiene la capacidad de darte más opciones en el futuro; en cambio, una mala decisión te cierra las puertas y, potencialmente, te hará sentir atrapado en un estilo de vida que no te agrada.

La pregunta clave es: **¿Ésto me da libertad o me quita libertad?**

2. SER FLEXIBLE COMO EL BAMBÚ

Los seres humanos nos solemos estresar cuando tenemos que tomar decisiones vitales. Una ayuda para quitarnos peso de encima es pensar soluciones que sean flexibles y cuyo rumbo podamos corregir en el futuro.

El bambú es capaz de torcerse cuando hace mal tiempo sin romperse. Es flexible y se adapta a las condiciones de su entorno. Tú también puedes ser como el bambú, adaptándote a los cambios de tiempo.

¿Tienes un plan B? ¿Y un plan C? ¿Te conviene alquilar o comprar una casa? Si compras, ¿tienes luego la opción de vender fácilmente?

3. LAS EMOCIONES FUERTES SON TU ENEMIGO NÚMERO UNO

Si tomas decisiones cuando estás triste, cansado, enfadado, ansioso, estresado o embriagado, más tarde, cuando puedas pensar con claridad, te darás cuenta de que te equivocaste y te arrepentirás.

Las emociones fuertes son el enemigo número uno a la hora de tomar decisiones. Nublan nuestra capacidad de ver la situación con claridad.

Los mejores líderes suelen ser personas que saben separar bien el mundo emocional de la toma de decisiones.

Si no te encuentras en un buen momento emocional, no tengas prisa para tomar una decisión, dale tiempo.

Haz un viaje a tu lugar favorito o dedica una tarde a tu *hobby* preferido. Da un paseo largo, regálate un baño en el mar, contempla un atardecer... Cuando te sientas relajado, vuelve a pensar en tu dilema; es el momento de escuchar a tu intuición y quizás una solución alternativa emerja como por arte de magia. Si, aun así, no consigues desenredar tus emociones, comparte tu situación con amigos y familiares para que te den su perspectiva.

En Japón, en el mundo de los negocios, usamos el «*ringi*» para tomar decisiones buscando el consenso de muchas personas. **El *ringi* obliga a que todo el mundo sea consciente del cambio que se va a llevar a cabo y todos tienen que dar su «aprobación» para seguir adelante.** Lleva tiempo conseguir el consenso vía *ringi*, pero ayuda a que no se introduzca ningún *bias* personal.

A la hora de tomar decisiones personales, no hace falta ser tan extremos como con el sistema *ringi* japonés. Siempre es bueno hablar con otras personas para saber lo que piensan sobre nuestra situación, pero no para dejar que decidan por nosotros, sino para abrir la mente a nuevas perspectivas. Somos nosotros los que tendremos que ser responsables y vivir con las consecuencias de la decisión final.

Tabla para ayudarte a tomar decisiones vitales con sabiduría: responde a las preguntas 1, 2, 3 tanto para la elección A como para la B.

	Elección A	Elección B
1. Opcionalidad: ¿me abre puertas en el futuro?		
2. Flexibilidad: ¿me permite corregir el rumbo en el futuro?		
3. Intuición: ¿qué me dice el corazón?		

Otras preguntas que pueden ayudarnos ante la indecisión. Escribe cada pregunta en una tarjeta o pósit y considéralas de vez en cuando.

- ¿Qué decisión incrementa mis probabilidades de que la suerte esté de mi parte y me sucedan cosas buenas?
- ¿Qué es lo peor que puede pasar? ¿Y lo mejor?

- Considera la opción totalmente contraria. ¿Te agrada? ¿Te desagrada?
- ¿Sientes una ilusión incontenible?
- ¿Se alinea con tus ideales de vida?
- ¿Qué haría en tu lugar la persona o personas que tú más admiras?

- ¿Sólo tengo la opción A o B? Quizás pueda considerar una opción C.
- ¿Cómo será mi futuro de aquí a un par de años si sigo este camino?

EL SEGUNDO CÍRCULO DE LA BUENA SUERTE: OPTIMISMO RESILIENTE

¿Tienen los optimistas mejor suerte?

Nadie está a salvo de la mala suerte. Hay cosas malas que sucederán en nuestras vidas, es inevitable. Pero lo que sí podemos controlar es la forma en la que reaccionamos a estos eventos. Si reaccionamos como un pesimista, será difícil despegarnos de la mala suerte; si, por el contrario, elegimos el optimismo, las probabilidades de que todo vaya a mejor serán mayores.

La próxima vez que te digan «Eres una persona con buena suerte», puedes responder: «Soy un optimista».

El optimismo ha sido estudiado, sobre todo en lo que concierne a enfermedades y recuperación. Los resultados son claros: **los optimistas se curan mucho más rápido y su tasa de mortalidad es menor.**[1]

Todos conocemos el dicho del vaso medio lleno o medio vacío. Pero veamos otras formas más concretas de hablar del optimismo. Adentrémonos un poco más en formas de defi-

---

1. Fuente: www.health.harvard.edu/heart-health/optimism-and-your-health

nir el optimismo para así saber mejor cómo identificar si estamos cayendo en una mentalidad pesimista o no.

Seligman introdujo en los años noventa el concepto de **«estilo explicativo»**. Según Seligman, **una persona puede ser optimista o pesimista dependiendo de cómo se explique a sí misma los sucesos que vayan ocurriendo en su vida.**

Seligman clasificó los «estilos explicativos» en tres dimensiones:

1. **Temporal vs. permanente:**
   - Los optimistas tienden a explicar sucesos negativos en sus vidas como «temporales».
   - En cambio, los pesimistas atribuyen «permanencia» a cualquier cosa mala que les sucede.

2. **Específico vs. universal:**
   - Los optimistas explican las cosas malas que les suceden como eventos «específicos» que seguramente no vuelvan a ocurrir.
   - En cambio, los pesimistas prefieren explicaciones «universales» fuera de su control y que volverán a suceder justamente porque son «universales».

3. **Externo vs. interno:**
   - Los optimistas tienden a no culparse a sí mismos en exceso, es decir, explican lo sucedido como algo «externo» a ellos.
   - En cambio, los pesimistas se culpan a ellos mismos; sus explicaciones son «internas».

En resumen, los estilos explicativos pueden ser:

Optimista si es temporal, específico y externo.
Pesimista si es permanente, universal e interno.

Tras haber perdido su puesto de trabajo, el pesimista dirá que nunca jamás podrá volver a encontrar algo mejor (explicación permanente); también hablará mal de la situación laboral del mundo en general y lo injusto que es todo (explicación universal); y finalmente se culpará a sí mismo diciendo que no tiene talento para nada (explicación Interna).

En cambio, una persona optimista dirá que pronto va encontrar un nuevo trabajo mejor que el anterior (explicación temporal), pues es algo que ha sucedido de forma puntual y seguramente no le vuelva a pasar (explicación específica), y ha sido la situación económica de la empresa lo que les ha forzado a hacer despidos (explicación externa).

¿Por qué es importante el estilo explicativo?

Una de las formas más más efectivas para lidiar con baches o sucesos traumáticos en la vida es mantener la esperanza y no culparse a uno mismo.

Fíjate que, en el caso del pesimista que ha perdido la esperanza de encontrar un trabajo, lo que espera del futuro es peor que su pasado.

En cambio, el optimista mantiene la esperanza de que su futuro será mejor.

¿Te ha sucedido algo malo últimamente? ¿Cuál es la explicación que le das a este suceso? ¿Es una explicación de pesimista (permanente, universal, interna) o de optimista (temporal, específica, externa)?

EL TERCER CÍRCULO DE LA BUENA SUERTE: UN ENTORNO FAVORABLE

Una de las frases más famosas de Jim Rohn es: «**somos la media de las cinco personas con las que pasamos más tiempo**». Con ello nos quiere llamar la atención sobre lo importante que es tener a gente a nuestro alrededor que nos favorezca. Si todos nuestros amigos y familiares están gordos, será muy difícil no serlo nosotros también. Si todos ellos son pobres y están en el paro, no será fácil para nosotros conseguir un trabajo y ganar dinero.

La mejor estrategia es **rodearnos de personas que tengan ideales similares a los nuestros sobre cómo tener una buena vida.** Esto nos ayudará a tener más probabilidades de que las cosas vayan según el futuro que nosotros imaginamos.

Algunos dirán que tuvimos buena suerte, pero nosotros sabremos que uno de los factores más importantes de nuestro éxito es que tuvimos a nuestro alrededor a buenos compañeros de aventuras que nos ayudaron tanto en los buenos como en los malos momentos.

Puede parecer una exageración lo que dijo Jim Rohn, pero estudios posteriores confirman la sabiduría de su máxima.

Según las conclusiones de Nicholas A. Chistakis y James H. Fowler en *Connected: The Surprising Power of Our Social Networks and How They Shape Our Lives,* después de analizar datos de varios estudios, el efecto se extiende más allá, no sólo a las cinco personas más cercanas en nuestro día a día. Según su análisis, si un amigo tuyo está muy gordo, tienes un 45% más de probabilidades de que tú engordes durante los siguientes años. Es más, si un amigo de un amigo es obeso, las probabilidades de que tú engordes son un 20% mayores que si este amigo de tu amigo no existiera.

¡Sí, aunque tú no lo conozcas en persona! El efecto se extiende también a amigos de amigos de amigos, en este caso, el riesgo de que engordes es un 10% más alto.[1]

Es decir, no sólo tus amigos contribuyen a hacerte gordo, también sus amigos y los amigos de sus amigos.

Los resultados de los estudios son claros, pero ¿cómo es posible que nos afecte una persona que ni siquiera conocemos? La respuesta a esta pregunta todavía está siendo investigada, ya que son muchos los factores que contribuyen. Pero parece ser que tiene que ver con lo que percibimos como «aceptable» o «no aceptable».

Si todas las personas con las que convivimos beben alcohol a todas horas, lo percibiremos como algo normal y, por lo tanto, para integrarnos en el grupo nosotros también sentiremos la presión social de seguir el mismo comportamiento y terminaremos siendo alcohólicos, porque es algo «aceptado» por todo el mundo que conocemos.

---

1. Fuente: www.nejm.org/doi/full/10.1056/NEJMsa066082 The Spread of Obesity in a Large Social Network over 32 Years, Nicholas A. Christakis, M.D., Ph.D., M.P.H., and James H. Fowler, Ph.D.

En cambio, si nuestro círculo social lleva una dieta equilibrada y hace ejercicio con regularidad, para sentirnos como un amigo más, nosotros también tenderemos a comer bien y a hacer ejercicio.

Además de ser conscientes de que nuestro círculo social afecta a nuestro comportamiento de forma positiva o negativa, también debemos tomar en consideración que nosotros somos una de esas cinco personas que es importante para otras. Por eso, debemos dar ejemplo, elevando la media de esas cinco personas lo más que podamos.

La mejor forma de cambiar a otras personas es dando ejemplo.

Los mejores líderes son aquellos que actúan conforme a sus palabras en vez de simplemente dar órdenes.

Hay muchas cosas de nuestro entorno que quizás no podamos controlar: el lugar donde nacimos, las circunstancias de nuestra familia, problemas de salud, etc. Sin embargo, lo que siempre podemos controlar es nuestra actitud y forma de actuar, dando ejemplo a los demás.

Si eres amable, tus amigos empezarán a ser más amables. ¡Y el efecto se extenderá! Poco a poco todos podemos crear un mundo más amable.

CÓMO CULTIVAR NUESTRO ENTORNO SOCIAL
Será muy útil que te hagas estas preguntas y reflexiones sobre algunas ideas:

- ¿Esta persona que me ha invitado a tomar café absorbe mi energía o me da energía?
- ¿Deseo que se alargue el tiempo con cierta persona cuando llega el momento de despedirse después de

un viaje juntos o un café? ¿Tengo la sensación de que no quiero que termine, o es al contrario y deseo desde el principio que se acabe el encuentro?

- ¿Estoy pasando demasiado tiempo con esta persona o demasiado poco tiempo con alguien a quien debería prestar más atención?
- Si yo fuera mi amigo, ¿cómo me gustaría que me tratara?
- Rescata a tus seres queridos, no los tires por la borda a las primeras de cambio, ayúdales a remontar dando ejemplo.
- Tus verdaderos amigos que realmente quieren lo mejor para ti te dirán siempre la verdad, aunque sea dura. Acepta su *feedback* constructivo.
- Hay gente que se acercará a ti porque quiere algo a cambio. No es algo intrínsecamente malo, pero tenemos que entender que las relaciones que se basan sólo en transacciones no son verdaderas amistades; funcionan sin corazón, igual que un negocio. Aprende a diferenciar ambos tipos de relaciones para evitar disgustos.

GALLETAS DE LA FORTUNA

Casi todo el mundo ha tenido una en sus manos alguna vez. Después del postre y los cafés, la camarera trae una *fortune cookie*, esta galleta en forma de herradura que contiene un mensaje personal como...

Deja de procrastinar, empieza hoy.

Sólo tú puedes llevar a cabo ese cambio.

Ajusta tu mirada: puedes ver las cosas de forma muy distinta.

Las galletas de la fortuna están elaboradas con harina, vainilla, azúcar y aceite de sésamo. Aunque muchas personas las relacionan con los restaurantes chinos de Norteamérica, todo apunta a que su origen es japonés.

Probablemente fueron creadas en California entre finales del XIX y principios del siglo XX por inmigrantes japoneses.

Su precursor en el siglo XIX pudo ser una galleta propia de Kioto que contenía un *omikuji*, las tiras de papel que pronostican la fortuna que mencionamos en la tabla de la introducción de este libro. Estas galletas son un poco más grandes y oscuras, y aún se venden en algunas regiones de Japón, así como en el templo Fushimi Inari-taisha de Kioto.

Sobre las modernas *fortune cookies,* hay disputa sobre quién fue el primero en servirlas. El primero en reclamar ese honor fue Makoto Hagiwara, propietario del Golden Gate Park's Japanese Tea Garden de San Francisco, y las galletas procedían de la pastelería japonesa Benkyodo. La tradición empezó en un momento indeterminado entre 1890 y 1900.

Tras la II Guerra Mundial, la industria de las galletas de la fortuna pasó de los japoneses a los chinos establecidos en Estados Unidos, que aprovecharon que 100 000 japoneses americanos –entre ellos había pasteleros– fueron enviados a campos de internamiento para hacerse con el negocio.

Hasta principios del siglo XX estas galletas se hacían a mano.

Cuando Shuck Yee inventó en Oakland la máquina de hacer *fortune cookies,* esto redujo mucho su coste y permitió que se extendiera por todos los restaurantes chinos, saltando posteriormente a Europa.

Actualmente, el mayor fabricante de estas galletas de la suerte está en Brooklyn, la compañía se llama Wonton Food y produce 4,5 millones de unidades al día.

Para un almuerzo o cena de amigos es una buena idea servir en la sobremesa nuestras propias *fortune cookies,* habiendo introducido mensajes de nuestro puño y letra, o bien de nuestros autores favoritos. Aunque su elaboración es bastante laboriosa, en YouTube se ofrecen tutoriales al alcance de todo el mundo.

Cualquiera que sea el mensaje que hayas recibido de una galleta de la fortuna, si te resuena y piensas que puede ayudarte a implementar un cambio relevante, hay varias cosas que puedes hacer:

- Guardar la tira con el mensaje en tu cartera, de modo que «tropieces» con él de vez en cuando a modo de recordatorio.
- Hacer una foto del mensaje y ponerlo como fondo de pantalla de tu móvil u ordenador, hasta que sientas que has cumplido con lo que pedía el mensaje.
- Escribir el mensaje en una hoja o cuaderno y apuntar debajo al final de cada día algo que hayas hecho para honrar ese lema, hasta que sientas que lo has integrado a tu vida.

Un mensaje escrito, como el que se encuentra en una *fortune cookie*, puede ser el inicio de un cambio importante en nuestra vida, pero eso sólo tendrá lugar si lo acompañamos de acciones concretas para influir en la fortuna.

KIT KAT: LA CHOCOLATINA DE LA SUERTE

La famosa chocolatina americana llegó a Japón a principios de la década de los setenta y se convirtió en un *hit* en pocos meses. Una de las razones principales fue su nombre, que en japonés se pronuncia *kitto katto,* muy parecido a la expresión japonesa *kitto katsu,* que significa «seguro que vamos a ganar».

No pasó mucho tiempo hasta que el Kit Kat se convirtió en algo simbólico que regalar a un estudiante antes de un examen como objeto auspicioso. Se consideraba algo así como un amuleto de la buena suerte y la fortuna para pasar el examen sin dificultad.

Kit Kat no tardó en explotar la afortunada coincidencia de que su nombre en Japón se pronunciara casi igual a esa frase de victoria. Ellos mismos se empezaron a proyectar en los anuncios como amuletos de la fortuna, asegurando que uno de cada tres estudiantes recibía un Kit Kat antes de un examen importante.

Tan popular se hizo la chocolatina que, aun hoy, Japón es el país del mundo con una variedad de sabores de Kit Kat más extensa. Podemos encontrarlo de té matcha, fresa, pastel de queso, trigo, galleta, cacao puro, melocotón, melón, pistacho, mango, naranja, frambuesa, plátano y caramelo, fruta de la pasión, manzana, boniato y hasta vino espumoso, por poner sólo unos cuantos ejemplos.

La explosión de los sabores empezó en 2004, cuando se introdujo la variante de té verde, que arrasó en todo el país. Desde entonces, el surtido no ha dejado de multiplicarse, y ha llegado a más de 300 sabores distintos en menos de 20 años, algunos de los cuales han sido tan sólo ediciones limitadas disponibles por un breve tiempo.

En 2014, Kit Kat consiguió lo imposible: desbancó a la mayor empresa de confitería de Japón, Meiji, como número uno en ventas en todo el país.

Es común encontrar cajas de regalo con un surtido de sabores de Kit Kat, ideal para regalarle a alguien cuyos gustos aún no conoces bien, pero a quien quieres desear buena suerte.

Si vas de viaje a Japón, no te olvides de traer Kit Kat de sabores especiales como regalo para tus amistades o familiares amantes del dulce, seguro que consigues sacarles una cara de sorpresa con alguna de las variedades más raras.

Lo principal, nuevamente, es **el rito que nos procura confianza en que vamos a superar la prueba.**

LA MALDICIÓN
DEL CORONEL SANDERS
Y LAS FALACIAS NARRATIVAS

En 1985, los Hanshin Tigers, equipo de béisbol de Kansai, quedaron primeros en la Liga Central. Para celebrarlo, los fans se aglomeraron en el canal de Dotombori y los que se parecían a alguno de los jugadores del equipo fueron saltando al río.

Consiguieron parecidos razonables con los jugadores y se fueron tirando al río, pero no encontraron a nadie que se pareciera a Randy Bass, un bateador barbudo estadounidense. Embriagados por la euforia, llegaron a la conclusión lógica de que una estatua del coronel Sanders, el fundador de la cadena de restaurantes KFC, también barbudo como Bass, sería el candidato perfecto.

Los fans robaron la estatua del coronel Sanders de un restaurante KFC cercano y la lanzaron al río.

Según la superstición, este acto de vandalismo hizo que una maldición cayera sobre los Hanshin Tigers. Durante los siguientes años siempre perdían los campeonatos y se comenzó a extender la leyenda urbana de que: «hasta que no sacaran la estatua del coronel Sanders del fondo del río, los Hanshin Tigers no podrían ser campeones otra vez».

A finales de los años ochenta, un grupo de buzos intentó encontrarla, pero no tuvieron éxito. Durante los años noventa, el equipo de béisbol siguió sin conseguir la victoria.

En el 2009, durante la construcción de una pasarela sobre el río, los trabajadores municipales de Osaka encontraron por casualidad los restos de la estatua.

Después de 24 años hundida en el río, había perdido el color, pero aun así la limpiaron y la purificaron en un santuario sintoísta para eliminar la supuesta maldición. Luego fue devuelta y expuesta en la entrada de un restaurante KFC cercano al estadio de los Hanshin Tigers.

Pero, durante los años siguientes, el equipo de béisbol siguió perdiendo. Pronto se llegó a la conclusión de que, aun estando fuera del río, la maldición seguía activa. Las directivas del equipo de béisbol y de la cadena de restaurantes KFC acordaron llevarse la estatua a Tokio.

La pusieron dentro de las oficinas de KFC en la capital, cerrada al público, pero en un lugar donde los empleados de la cadena de restaurantes la podían ver y hacerse fotos con la famosa estatua. No obstante, aun estando lejos de Kansai, los Hanshin Tigers siguieron perdiendo.

Los ejecutivos de KFC decidieron que la solución final sería encerrarla en una sala con llave de forma que nadie la pudiera ver.

En el 2014, los Hanshin Tigers volvieron a ganar y fueron número uno de la Liga Central otra vez.

La estatua del coronel Sanders fue, entonces, liberada de su encierro y devuelta a Kansai en el 2017. Ahora, en vez de estar considerada una estatua maldita, la creencia ha cambiado y se cree que es un talismán de la buena suerte.

Así es como suelen contar los japoneses la historia de la maldición del coronel Sanders, pero no es del todo cierta. Para justificar la lógica de la historia, se evita mencionar los siguientes hechos:

- La estatua la tiraron al río el día que celebraron haber ganado la Liga Central en 1985, pero quince días después vencieron en la final de la Serie de Japón. Ganaron incluso con la estatua hundida.
- Sólo se empezó a hablar de la maldición en 1988, cuando un presentador de televisión dijo: «Los Hanshin Tigers no volverán a ganar hasta que se encuentre la estatua del coronel Sanders». Hasta entonces, a nadie parecía importarle la estatua.
- Los Hanshin Tigers ganaron la Liga Central en el 2005, cuando todavía no se había encontrado.
- Hoy día, año 2022, los Hanshin Tigers siguen sin haber ganado la Serie de Japón. Es decir, aun habiéndose liberado de la supuesta maldición, sólo han conseguido ganar la Liga Central, pero todavía siguen sin ganar la Serie (título más importante de Japón) desde que lo hicieran en 1985, quince días después de que tiraran la estatua al río.

Visto a través de estos nuevos datos, no parece que el pobre coronel Sanders tenga nada que ver con lo bien o mal que jueguen los Hanshin Tigers al béisbol.

Las leyendas urbanas, creencias populares y, en general, cualquier narración que pretenda explicar sucesos del pasado suelen caer en la **«falacia narrativa».** Se denomina así **la tendencia humana de explicar hechos del pasado**

como una secuencia inevitable de causas y efectos, cuando la mayoría de las veces lo que sucedió en realidad fue aleatorio.

Contar historias, aunque caigan dentro de la categoría de falacias narrativas, ayuda a los seres humanos a explicar sus vidas y cómo funciona el mundo. Aun así, es importante ser consciente de los riesgos, ya que tenemos la tendencia a ver sólo los hechos que encajan con la historia que queremos contar (nadie menciona la victoria de la Serie de Japón cuando cuenta la maldición del coronel Sanders) y a manipular la forma de narrar el pasado, buscando conexiones lógicas, que quizás no existen en realidad, para justificar lo sucedido.

Las historias que caen en falacias narrativas pueden llegar a ser peligrosas cuando se utilizan como herramienta para intentar manipular a los demás o como explicación para intentar predecir el futuro. Esto es algo habitual en el periodismo moderno, especialmente cuando se dan explicaciones a cambios económicos y financieros.

A nivel personal, utilizadas de la forma correcta, sin caer en la negatividad o en intentar explicar el futuro basándonos en el pasado, hilar historias para explicar sucesos de nuestra vida es algo beneficioso. **Las falacias narrativas nos ayudan a poner en orden determinados sucesos para liberarnos mentalmente y así poder lidiar con nuestro día a día.**

Por ejemplo, explicaciones como éstas, aunque quizás no sean 100 % ciertas, nos serán de ayuda psicológica: «Me divorcié porque pasó *a, b y c*», «Decidí dejar el trabajo porque *a, b y c*», «He encontrado a la persona perfecta para mí porque *a, b y c*».

Por el contrario, las explicaciones que intentan predecir el futuro basadas en nuestro pasado tales como: «He suspendido matemáticas tres veces, siempre se me darán mal las matemáticas», «He cortado con mis últimas parejas, nunca encontraré a alguien que me corresponda», no nos ayudarán lo más mínimo.

Al igual que la estatua del coronel Sanders no tiene el poder de decidir la suerte de los Hanshin Tigers, **no permitas que una explicación de ciertos sucesos de tu pasado se convierta en una creencia que limite las posibilidades de tu futuro.**

La maldición portuguesa del entrenador y las profecías autocumplidas

Muchas maldiciones y supersticiones deportivas pueden caer en la categoría de profecías autocumplidas. Cuando, tras ser despedido, el entrenador Bela Guttman dijo: «Sin mí, el Benfica nunca ganará otra copa europea» tuvo el poder de hacer que el Benfica lo «creyera», tanto los jugadores como los aficionados. Más de medio siglo después, siguen sin ganar una copa europea. ¿Quizás haga falta que alguien diga que el maleficio ha terminado?

TETRAFOBIA

Ésta es una superstición muy conocida en Asia. El origen de esta fobia al número cuatro –esto es lo que significa el término– está en el hecho de que tanto en chino, japonés, coreano y vietnamita la palabra «muerte» se pronuncia igual o similar al número cuatro.

Aunque es inevitable utilizar el número, se intenta evitar su uso tomando las siguientes medidas:

- No se menciona el número 4 en presencia de una persona enferma.
- En ascensores, a veces se evita el número 4 (se pasa directamente de la planta 3 a la 5), especialmente en hospitales.
- Se evitan las celebraciones el día 4 de cada mes.
- En China y Singapur no se utiliza el número 4 en números de serie de aviones, trenes, barcos y autobuses.

Un estudio del British Medical Journal, que analizó las estadísticas de mortalidad de estadounidenses en comparación con chinos y japoneses durante un período de 25 años, llegó a la conclusión de que los asiáticos tienen mayor probabilidad –hasta un 30% más– de morir a causa de un ataque al corazón el día 4 de cada mes comparado con los estadounidenses (que son ajenos a la tetrafobia).[1]

Los resultados del estudio fueron claros: el estrés psicológico causado por creer en la superstición del número 4 puede tener consecuencias fatales. El mecanismo psicosomático por el que el estrés es capaz de incrementar las probabilidades de tener un ataque al corazón todavía está siendo estudiado.

Tal y como sucede con otras supersticiones, se convirtió en una *profecía autocumplida.* Es decir, **una vez hecha una predicción, ésta en sí misma es la causa de que se haga realidad.**

Es interesante ver el poder que pueden tener las creencias en la psicología humana, tanto para lo bueno como para lo malo. Si somos pesimistas, creer que **algo malo** va a suceder nos causará estrés y, en consecuencia, las probabilidades de que algo nos vaya mal serán mayores. Si, por el contrario, somos optimistas y creemos que **algo bueno** va a suceder, eso nos liberará del estrés y nos llenará de esperanza.

---

1. Fuente del estudio del *British Medical Journal:* https://pages.ucsd.edu/~dphillip/baskerville.html

SI ES ROJO TRAE SUERTE

Asociado con los buenos auspicios en todo el continente asiático, **el color rojo es apreciado como uno de los mejores amuletos para atraer la buena suerte.** Cuando la bolsa en China, Japón o Corea está de color rojo no significa que las acciones se estén desplomando, al contrario, significa que van subiendo.

El rojo se asocia con la abundancia, el dinero, el poder, el amor y hasta la protección. Sólo hace falta mirar la bandera nacional de estos tres países para darse cuenta de que el rojo tiene un papel fundamental en todas. Pero, ¿de dónde viene esta convicción de que el rojo trae buena suerte?

Cuentan en China que, hace cientos de años, una bestia mítica llamada Nian Shou tenía por costumbre pasar el Año Nuevo chino devorando ganado y personas. Por suerte, alguien descubrió que Nian Shou temía a los ruidos fuertes y al color rojo.

A partir de entonces, se convirtió en una tradición de Año Nuevo encender petardos, colgar linternas rojas y mensajes auspiciosos sobre papel rojo en ventanas y puertas. Nian Shou nunca volvió a aparecer, y hoy día, los ritos con color rojo siguen abundando en China.

El vestido tradicional para las novias chinas no es de color blanco, sino rojo. Además, el Año Nuevo chino se festeja regalando dinero dentro de unos sobres rojos.

En Japón, el sentimiento hacia el color rojo es parejo. Es el color de las *torii,* puertas de entrada de los santuarios sintoístas, pues esta tonalidad es vista como capaz de **ahuyentar a los malos espíritus y aportar protección, paz, fuerza y poder.** Además, se considera el color más alegre para vestir, y **la combinación de rojo y blanco es la más auspiciosa** que pueda haber, como lo demuestra su elección para la bandera del país.

El rojo también juega un papel importante en la predestinación de la unión entre personas, como lo describe **la leyenda del hilo rojo.** Según este mito japonés, un anciano que vive en la Luna sale todas las noches a buscar espíritus afines para reunirlos en la Tierra. Cuando encuentra a aquellos que tienen que aprender algo el uno del otro les ata un hilo rojo para que se encuentren en sus caminos. Así, nuestros hilos rojos terminan en otra persona que será un maestro para nosotros. Aceptar esto puede ser un consuelo, ya que implica que nunca hemos tomado malas decisiones. El destino nos ha llevado exactamente donde teníamos que estar.

El hilo rojo más importante de todos es el que nos une a la persona con la que viviremos la historia de amor más importante en esta vida. El hilo sale del dedo meñique, hasta donde llega la arteria cubital que viene directa del corazón, y acaba en el dedo meñique de la otra persona, hasta su corazón, quedando así unidos para siempre los dos corazones.

La leyenda del hilo rojo es una invitación a entender nuestra vida como una trama predeterminada donde las relaciones de pareja y otras historias que vivimos con los demás no son accidentes, sino parte de una trama escarlata cuyos hilos nos fueron dados al nacer, pero que nosotros mismos vamos tejiendo.

FUKUMIMI
O LAS OREJAS DE LA SUERTE

Dicen que es posible predecir lo rico que será alguien con tan sólo mirarle a la cara o, más concretamente, echando un vistazo a sus orejas. Y es que hay un tipo de oídos especialmente afortunados según la creencia popular.

Se trata de las orejas con grandes y carnosos lóbulos, conocidas como *fukumimi* (福耳: orejas de la suerte), que, además, están ligeramente orientados hacia arriba. En Japón, tener *fukumimi* es un buen presagio, pues se considera que se ha nacido con el potencial para atraer la fortuna a lo largo de toda la vida.

Los siete dioses japoneses de la fortuna tienen las orejas así, y en Daikokuten, la divinidad del comercio y la prosperidad, es especialmente evidente. También Ebisu, el dios de los negocios, la cosecha y la pesca; así como Hotei, el dios de buena fortuna, tienen este rasgo muy pronunciado. Dice la cultura popular que las *fukumimi*, al tener el lóbulo parcialmente levantado hacia arriba, forman algo así como un cuenco capaz de sostener un grano de arroz, por lo que la abundancia siempre está presente.

El carácter *kanji* de las palabras con significados favorables como «sagrado», «sabio», o «sabiduría» contienen el radical de la oreja, lo que representa la importancia que se le concede a este rasgo en la cultura japonesa.

Buda también tiene unas orejas de grandes lóbulos, pero en este caso están caídos hacia abajo y pueden ser bastante largos. Este tipo de lóbulos grandes pero caídos se consideran propios de una persona espiritual, de un santo o sencillamente de alguien de buen corazón. No hay que olvidar que también Confucio tenía este tipo de orejas.

Teniendo en cuenta que las *fukumimi* parecen ser hereditarias, podríamos llegar a la conclusión de que nacer en una familia u otra marca gran parte de nuestro destino. Aun así, nunca nadie dijo que no poseer este rasgo le impida a uno convertirse en alguien próspero, **al final el destino se teje día a día con voluntad y buenas acciones.**

DOS HOMBRES CON LA MEJOR O PEOR SUERTE

Entre las clasificaciones de personas favorecidas por el azar, hay dos nombres que siempre salen a la palestra, uno japonés y otro croata.

El primero es Tsutomu Yamaguchi, el único ser humano de la historia que ha sobrevivido oficialmente a dos bombas nucleares. Quizás pueda considerarse mala suerte haber estado en el lugar y momento donde cayó cada bomba, pero lo milagroso es que sobreviviera a ambos eventos y que viviera hasta los 93 años.

Ingeniero de profesión, Yamaguchi fue a Hiroshima por trabajo el 6 de agosto de 1945. La primera bomba nuclear cayó a tres kilómetros de donde él estaba, lo cual le produjo graves heridas en todo el cuerpo. Necesitó tres días para recuperarse mínimamente, tras lo cual regresó a su ciudad natal, Nagasaki, donde le cayó la segunda bomba nuclear, estando también a tres kilómetros. Nuevamente sobrevivió.

Yamaguchi dedicó el resto de su vida a dar conferencias, que él llamaba «lecciones de paz», además de pedir el desarme nuclear. A su muerte, el 2010, el alcalde de Nagasaki aseguró que se había perdido a un gran narrador de la historia.

Con todo, cuando se habla del «hombre con más suerte del mundo» suele citarse a Frane Selak, un croata nacido en 1929 que comenzaría su idilio con el destino en 1962.

Ese año viajaba en un vagón de tren que descarriló y cayó a un río. De los 18 pasajeros, 17 murieron ahogados. Sólo se salvó Frane, quien sólo sufrió la fractura de un brazo.

Al año siguiente, en su primer –y último– viaje en avión, una explosión arrancó la puerta de la nave, con lo que Frane salió expulsado al vacío.

Milagrosamente, salvó la vida de nuevo al caer sobre el pajar de una granja, mientras que el resto de los pasajeros del avión murieron.

En 1966 sobreviviría a un accidente de autobús, que cayó también en un río, donde murieron cuatro pasajeros.

En 1970, su coche se incendió mientras conducía, pero logró salir segundos antes de que explotara el tanque.

Tres años después, se le incendió el cabello debido a otro incendio en su coche, pero no padeció mayores heridas.

El siguiente golpe del destino le llegaría en 1995, cuando fue atropellado por un autobús en Zagreb, pero salió del incidente con heridas menores.

Un año más tarde, la colisión múltiple provocada por un camión de Naciones Unidas en una curva de montaña le obligó a saltar de su vehículo, cosa que pudo hacer gracias a que no llevaba puesto el cinturón de seguridad. Su coche cayó en un barranco de 90 metros, pero él se salvó de la caída agarrándose a un árbol.

Visto todo esto, podríamos pensar que se trata, de hecho, del hombre con peor suerte del mundo, pero el hecho de que se librara de la muerte siete veces nos hace pensar lo contrario.

Prueba de ello es que, en el 2003, dos días después de cumplir los 74 años, ganó 800 000 euros en la lotería. Tras comprar dos casas y un bote, donó el resto del dinero a su familia y amigos para llevar una vida sencilla hasta su muerte –por causas naturales– a los 86 años.

DARUMA

«Cree en los demás,
pero cree en ti mismo cien veces más».

PROVERBIO JAPONÉS

Los muñecos *daruma* son figuras con forma de huevo deforme, normalmente pintadas de color rojo con una cara blanca que representan a Bodhidharma.

La biografía del personaje histórico está mezclada con fantasía, leyendas y mitología.

Bodhidharma está considerado como el primer monje en transmitir la tradición budista en China. Desde el subcontinente indio, viajó a territorio chino, donde entrenó en un monasterio shaolin. Más tarde siguió viajando hasta que entró en una cueva y se puso a meditar mirando a una pared durante nueve años.

Según la leyenda, cerró los ojos una sola vez, y se enfadó tanto consigo mismo, por su falta de disciplina, que se cortó los párpados. Cuando los párpados cayeron al suelo, brotaron plantas de té verde. Este mito es una de las razones por las que en Japón se bebe té verde para mantenerse despierto.

La leyenda cuenta que Bodhidharma meditó
durante nueve años sin moverse.

Después de tantos años meditando sin moverse, la mitología dice que este monje perdió las piernas y brazos. Ésta es la razón por la que los muñecos *daruma* no tienen
extremidades.

Estas figuras son utilizadas como talismanes de la suerte, pero también simbolizan otros valores asociados a su
leyenda:

- **Perseverancia y paciencia:** Si te sientes desanimado
  y has perdido las ganas y la motivación, recuerda

que Bodhidharma estuvo nueve años meditando sin
moverse. Eso te ayudará a poner tu situación en
perspectiva.

- **Resiliencia:** Un muñeco *daruma* bien diseñado re-
  bota en la superficie y vuelve a su posición original
  cuando le das un golpe. Si no lo consigues a la primera, sigue intentándolo.
- **Disciplina:** Si la tienes para conseguir lo que deseas,
  quizás tengas que sacrificar ciertas cosas, pero eso te
  hará sentir libertad. Decide bien por lo que quieres
  sacrificarte y sé disciplinado en ello.
- **Felicidad sin nada:** Si sientes frustración porque no
  conseguiste algo material, recuerda que Bodhidharma
  se contentaba con nada. Sólo poseía su hábito rojo.

Lo importante para conseguir lo que deseamos no es
simplemente dejar las cosas en manos de la suerte. Para que
el destino esté bajo nuestro control, debemos aplicar paciencia, disciplina y perseverancia. Este mensaje es la esencia
del refrán japonés *nanakorobiyaoki* 七転び八起き: «si te
caes siete veces, levántate ocho», que se suele escribir con
caligrafía tradicional japonesa al lado de muñecos *daruma*.

Cómo usar un muñeco *daruma*

1) Al comprar un *daruma,* comprobarás que no tiene
   los ojos pintados.
2) Tienes que pintar uno de los ojos mientras te propo-
   nes un nuevo objetivo en la vida.
3) Pon el muñeco en un lugar donde lo veas todos los
   días. Te servirá de recordatorio de que todavía no

has conseguido tu objetivo y tienes que seguir trabajando en ello.

4) Aunque tardes un tiempo en conseguirlo, el *daruma* te servirá para no desanimarte. Recuerda que el *daruma* ayuda sólo a aquellos que son perseverantes y se sacrifican por lo que más quieren.

5) Una vez que consigas tu objetivo, podrás pintar el segundo ojo. Con ello le estás dando las gracias a *Bodhidharma* por haberte ayudado con lo que te proponías.

6) Tienes que devolver el *daruma* al templo donde lo compraste, si es ése el caso, donde será quemado siguiendo un ritual tradicional.

Muñecos *daruma* a la venta (Todavía con los ojos sin pintar) en la entrada de un templo.
© Héctor García

EL VIEJO Y SU CABALLO QUE SE PERDIÓ

«...no hay nada bueno o malo,
pero pensar en ello lo hace bueno o malo...».

HAMLET, WILLIAM SHAKESPEARE

Este es un cuento de origen taoísta muy popular en toda Asia. En Japón tenemos un refrán popular que se refiere directamente a la historia: **«todo en la vida es como el caballo del viejo en la frontera»** 人間万事塞翁が馬.

Y éste es el cuento:

La buena suerte y la mala suerte se transforman una en la otra y es difícil de ver cuando esto va suceder.

Un hombre vivía al lado de la frontera.

Su caballo se escapó yéndose a territorio de bárbaros.

Todo el mundo sintió pena por él.

Su padre le dijo: «¿Quién sabe si esto te traerá buena suerte?».

Meses más tarde, el caballo volvió junto a un grupo de varios caballos de los bárbaros.

Todo el mundo le felicitó.

Su padre le dijo: «¿Quién sabe si esto te traerá mala suerte?».

El hijo se subió con ilusión a uno de los nuevos caballos.

Pero se cayó y se rompió una pierna.

Todo el mundo sintió pena por él.

Su padre le dijo: «¿Quién sabe si esto te traerá buena suerte?»

Un año más tarde, los bárbaros cruzaron la frontera y los invadieron.

Los hombres adultos sanos lucharon, y nueve de cada diez murieron.

Como el hijo tenía la pierna rota, no pudo luchar. Esto le salvó.

Tanto padre como hijo *sobrevivieron*.

La mala suerte trae buena suerte, y la buena suerte vuelve a traer mala suerte.

Esto sucede siempre, no hay final, y nadie puede predecir los cambios.

El propósito de esta parábola es hacernos reflexionar sobre cómo debemos reaccionar e interpretar lo que en un principio consideramos buena o mala suerte. **No debemos apresurarnos al interpretar tanto lo malo como lo bueno que nos suceda. Es importante mantener una actitud ecuánime.**

Cada vez que le sucede algo bueno o malo al protagonista, su padre le hace reflexionar con una pregunta. Esta pregunta le ayuda a mantener una perspectiva neutra, pase lo que pase.

A veces, lo mejor en la vida viene después de un bache. Y cuando todo va bien, quizás lo siguiente sean malas noticias. La clave está en aceptar esta secuencia de bueno-malo como algo común en la experiencia de los seres humanos desde siempre.

La felicidad verdadera está en aceptar la vida tal y como es.

RITUALES SINTOÍSTAS PARA UNA BUENA VIDA

El sintoísmo es una filosofía de vida milenaria que convive actualmente en Japón con el budismo. Al igual que otras religiones animistas, **el sintoísmo basa sus creencias en la existencia de espíritus en todo cuanto nos rodea.**

Según esta tradición, los seres humanos llegamos puros al mundo, en lo que se conoce como estado *kami,* y nuestra misión en la vida es seguir lo más cerca posible de ese estado.

Las experiencias que vamos viviendo a través de nuestros seis «órganos» –nariz, ojos, orejas, boca, cuerpo, mente–, nos llevan a acumular *kegare,* o impurezas, de las que debemos tomar consciencia para poder limpiarlas y trascender.

Con este propósito, existen algunos rituales sintoístas que podemos realizar en casa sin necesidad de ir al templo. Su práctica nos ayudará a transformar el *kegare* y acercarnos al deseado estado de *kami,* lleno de pureza:

1. **El ritual de la sal.** Los poderes de la sal como repelente de las malas energías son conocidos por las culturas de todo el mundo. El sintoísmo no es ninguna

excepción, y propone un par de rituales con sal dependiendo de lo que vayamos a purificar.

a) Para promover una energía limpia en casas o locales comerciales, es tradicional poner sal en dos cuencos en la puerta de entrada.

b) El sumo es muy popular en Japón. Previamente a convertirse en un deporte era una tradición sintoísta. Antes de empezar cada pelea, los participantes tiran sal al suelo para espantar a los malos espíritus. Al mismo tiempo, también tiran sal a sus pies porque sirve de desinfectante si se hacen arañazos.

2. **El ritual de la naturaleza.** En la naturaleza habitan muchísimos espíritus benignos, pues ése es su hábitat predilecto. Los conocidos baños de bosque japoneses, *shinrin yoku,* que forman parte del plan de salud del país nipón desde el 1982, son uno de los rituales favoritos de los sintoístas para limpiar las pesadas cargas cotidianas y acercarnos cada vez más al estado puro con el que llegamos a este mundo. El contacto con la naturaleza elimina las impurezas y nos recarga de energía vital.

3. **El ritual de la apreciación.** Ser agradecido nos acerca al *kami.* En japonés, la expresión ***itadakimasu*** es usada antes de las comidas en señal de agradecimiento por los alimentos, pero también al recibir algo, como un regalo. Esta expresión es una muestra de respeto y agradecimiento a todos los que han contribuido a que la comida esté ahora en tu plato, desde

el granjero hasta el cocinero, pasando por las condiciones meteorológicas favorables que han contribuido a que ahora puedas disfrutar de ello. Esta práctica de reconocimiento del esfuerzo ajeno nos sitúa un poco más cerca del plano divino, en tanto que somos como el niño pequeño que recibe con los brazos abiertos y una sonrisa en la boca.

Otros rituales sintoístas tan sólo pueden llevarse a cabo en santuarios, por lo que si visitas Japón es imprescindible que aproveches la oportunidad que te brindan para atraer la fortuna.

Uno de los ritos más populares consiste en escribir un deseo en una tableta de madera *ema*, como hemos visto en un capítulo específico. Aunque es común hacerlo en Año Nuevo, se puede realizar en cualquier momento. Estas tablillas están por todas partes, y en todos los santuarios tendrás la oportunidad de hacerte con una para colgarla con tu deseo. Se dice que el deseo se cumplirá antes del siguiente Año Nuevo.

Comprar *omikuji* es otra tradición que puedes seguir cuando visites templos o santuarios durante tu viaje por Japón. El *omikuji* es una especie oráculo personal escrito en un papel.

Aunque la mayoría de los *omikuji* están en japonés, es posible encontrarlos también en inglés en los templos más visitados por turistas.

Si cuando compras *omikuji* te toca mala suerte, la costumbre dicta que tienes que doblarlo de forma que quede atado en el mismo templo donde lo compraste. © Héctor García

Zeniarai Benten: El templo que multiplica el dinero

Javier, un amigo español, vino a verme y a viajar por Japón en el 2009. Dedicó un día a conocer Kamakura y allí visitó el santuario Zenarai Benten. «Zenarai» significa literalmente «lavar monedas» y Benten es el nombre de una diosa budista.

Según la creencia, si lavas dinero en la fuente de este santuario, en el futuro tu riqueza se multiplicará. La gente lo visita y lava todo tipo de cosas relacionadas con el dinero, desde monedas y billetes hasta contratos de acciones en bolsa para traer buena fortuna por lo que respecta a las finanzas.

Mi amigo Javier es una persona poco supersticiosa y yo diría que muy escéptica; aun así, se animó a lavar un billete de mil yenes durante su visita en el 2009. Años más tarde, vendió su *startup* junto a su socio Emilio por varios millones de euros.

LOS GATOS Y LA SUERTE

Todos conocemos la superstición de que cruzarse con un gato negro trae mala suerte. Sin embargo, es interesante saber que, en otras culturas, los gatos, incluidos los negros, son seres protectores contra la mala suerte.

Bien conocida es la fama que tenían los gatos en el antiguo Egipto, donde eran considerados animales sagrados y tratados casi como dioses. La antigua diosa egipcia Bastet, hija de Ra, tenía cara de gato y era la diosa del amor, la alegría, la protección, la danza y, obviamente, los gatos. Los egipcios creían que los ojos de un gato reflejaban los rayos del Sol, protegiendo así al pueblo en el que vivían de la oscuridad y la desgracia.

En la India y China había diosas de la fertilidad felinas: Sastht y Li Chou, respectivamente.

El folclore céltico presenta un gran gato negro, *el rey de los gatos,* llamado Irusan, capaz de bendecir a aquellos que le tratan con respeto. Y los vikingos adoraban a su diosa gata del amor y la belleza, Freya.

En el antiguo Japón, los gatos eran venerados y mantenidos en pagodas, donde custodiaban manuscritos de valor incalculable. Los felinos se consideraban tan valiosos en el siglo x que, de hecho, sólo los miembros de la nobleza podían poseerlos.

La cultura budista cree que los gatos son criaturas sagradas, al considerárselos uno de los animales más conscientes. Los monjes budistas dicen que los gatos actúan como anfitriones de ciertas almas humanas sagradas después de la muerte. Estas almas de personas que han alcanzado el nivel más alto de iluminación regresarían a la tierra por última vez como un gato, siendo el alma liberada para alcanzar el nirvana al final de esa vida felina.

Aún hoy, en el condado de Yorkshire, Inglaterra, es buena señal tener a felinos de color negro como animales de compañía, pues son considerados especialmente auspiciosos para que un marinero regrese a casa a salvo. No muy lejos de allí, en Escocia, encontrarse con un gato negro callejero en el porche de casa indica que la fortuna llegará pronto.

También es común, no sólo entre los japoneses sino entre cualquier persona con cierto sexto sentido, la creencia de que tener gatos en casa disipa las malas energías, pues los gatos las absorben y las transforman. No es raro observar a un gato instalarse en el regazo de su dueño después de que éste haya tenido un mal día, con la intención de librarle de su malestar, que el gato transmuta con su simple presencia.

En cualquier caso, el gato es probablemente el animal más temido y a la vez más venerado por supersticiones varias. Quizás sencillamente todo dependa de cómo tú decidas verlo. **Lo que crees, lo creas.**

¿CUÁNTAS VIDAS TIENE UN GATO?

Los gatos tienen seis vidas en los países árabes y Turquía; siete en Hispanoamérica y Portugal; nueve donde se habla la lengua de Shakespeare. ¿Para qué necesita tantas vidas un gato?

Un viejo proverbio inglés lo explica así:

En las primeras tres juega.
En las tres siguientes vaga por las calles.
Y en las tres últimas se queda en casa.

De la novela *Neko Café* de ANNA SÓLYOM

LAS 7 LEYES DEL MANEKI NEKO

Terminaré este viaje con una breve síntesis de algunos conceptos, a modo de leyes, que hemos visto en el libro. Antes, sin embargo, quiero compartir esta tabla para elegir la polaridad desde la que quieres vivir.

+ Para atraer la suerte	– Para quedarte estancado en una vida aburrida y sin suerte
Aprendes y estudias cosas nuevas cada día.	Dejas de aprender.
Curiosidad.	Pasividad, apatía y desinterés.
Interactúas con personas con intereses diversos.	Sólo hablas con personas que piensan igual que tú.
Optimista.	Pesimista.
Ante un golpe de mala suerte te recuperas de inmediato y lo vuelves a intentar.	Te hundes ante el primer bache en el camino.
Presentas tus creaciones al mundo y/o ayudas a los demás.	Te guardas todo para ti mismo y sólo cuidas de ti.
Te interesas por aprender cosas nuevas.	Sientes apatía ante cualquier novedad que aparezca y que no forma parte de tu rutina.

Sabes detectar buenas oportunidades.	Las oportunidades pasan por delante de tus narices sin darte cuenta.

Visto esto, vayamos con **las 7 leyes del *Maneki Neko*** para abonar el terreno de la buena fortuna:

1

Estudia las leyes de la suerte
No todo es aleatorio, debes tomar el control
de aquello que dependa de ti.

2

Aplica el Ganbatte
El conocimiento es infértil si no va acompañado
del esfuerzo y de una acción constante.

3

Créelo para crearlo
La confianza es un ingrediente fundamental
para que la buena fortuna pueda cristalizar.

4

Apuesta por el optimismo
Una expectativa positiva sobre tus posibilidades
aumenta la probabilidad de éxito.

5

Practica la resiliencia
La fortuna favorece a aquellas personas
que no se cansan de picar piedra.

6
Rodéate de empoderadores
*Un entorno nutritivo te ayudará a lograr
cualquier plan que te hayas fijado.*

7
Sigue tu curiosidad
*Con un espíritu de explorador
descubrirás las mejores oportunidades.*

Un abrazo,
felices aventuras vitales
y suerte con tu buena suerte.

Nobuo Suzuki

OTROS LIBROS
DE NOBUO SUZUKI

Wabi Sabi para la vida cotidiana, Edicines Obelisco, Barcelona, 2020.
Ganbatte!, Ediciones Obelisco, Barcelona, 2021.

BIBLIOGRAFÍA CITADA

Austin, J. H., *Chase, Chance, and Creativity: The Lucky Art of Novelty*, MIT Press, Cambridge, MA, 2003

Benito, C., *Money Mindfulness*, Grijalbo Ilustrados, Barcelona, 2019.

Byrne, R., *El secreto*, Ediciones Urano, Barcelona, 2012.

Christakis, N. A. & J. H. Fowler, *Conectados: El sorprendente poder de las redes sociales y como nos afectan,* Taurus, Barcelona, 2009.

Emoto, M., *Los mensajes ocultos del agua,* Aguilar Fontanar, Barcelona, 2021.

Kiyosaki, R., *Padre rico, Padre pobre*, DeBolsillo, Barcelona, 2016.

Rovira, Á. & F. Trías de Bes, *La Buena Suerte*, Zenith, Barcelona, 2019.

Sólyom, A., *Neko Café*, Univers Llibres, Barcelona, 2021.

Takayuki, I., *Mil pájaros de papel: la historia de Sadako Sasaki,* Nube de Tinta, Barcelona, 2020.

Taleb, N. N., *¿Existe la suerte?,* Booket, Barcelona, 2015.

Trismegisto, H., *El Kybalion,* Editorial Sirio, Málaga, 2014.

Tsunemoto, Y., *Hagakure: el camino del samurái,* DeBolsillo, Barcelona, 2015.

Vives, X., *Tener suerte en la vida depende de ti,* Aguilar, Barcelona, 2021.

ÍNDICE